Hoffnung

Am Ende siegt das Licht

Helmut Matt

Hoffnung

Am Ende siegt das Licht

1. Auflage 2025

www.bod.de
ISBN: 978-3-7693-4987-0

© 2025, Helmut Matt
Verlag: BoD · Books on Demand GmbH, In de Tarpen 42,
22848 Norderstedt, bod@bod.de
Druck: Libri Plureos GmbH, Friedensallee 273,
22763 Hamburg

Inhaltsverzeichnis

Einleitung

Wir leben in interessanten, ungewöhnlichen Zeiten. Unser Land, ja unsere ganze Welt erscheint voller Widersprüche. Unser Denken und unsere Vorstellungswirklichkeit werden in immer stärkerem Maße kontrolliert. Meinungsfreiheit, Redefreiheit, Handlungsfreiheit werden immer häufiger nur noch behauptet, simuliert. Die sogenannte „Verteidigung der Demokratie", die heute immer wieder lautstark gefordert wird, ist in Wirklichkeit ein zwanghaftes Festhalten an errungener Macht, ein vorgetäuschtes Etwas, mit dem man den Menschen, den Beherrschten, Sand in die Augen streut, um die eigene Macht und ganz offensichtlich auch den eigenen Wohlstand zu erhalten und auszubauen. Die aktiven Protagonisten fordern allen Ernstes mehr Zensur, mehr Kontrolle, mehr Diktatur, um die Demokratie zu verteidigen – ohne selbst dieses Oxymoron erkennen. In der Bevölkerung scheinen diese Paradoxen ebenfalls nicht anzukommen – nicht zuletzt, weil die herrschenden Minoritäten die Übermacht in den Rundfunkräten und Intendanzen der angeblich „öffentlich-rechtlichen" Medien innehaben. Der Begriff einer „wehrhaften Demokratie" verliert immer mehr seine ursprüngliche Bedeutung und wird, immer sichtbarer, zu einem Feigenblatt.

Immer seltener werden Ansichten toleriert, die mit den eigenen Ansichten nicht übereinstimmen. Diese traurige Entwicklung kann man mittlerweile in weiten Teilen der Gesellschaft beobachten. Der Spaltpilz des Bösen, das „divide et impera" der herrschenden Klasse und ihrer Medien hat bereits weite Kreise gezogen. Kaum steht ein kritischer Gedanke im Raum, wird sofort ein Knüppel zur Hand genommen, mit dem man Abweichler züchtigt und stigmatisiert. „Rechts" nennt man das in trauriger Hilflosigkeit. Wenn Argumente fehlen, entstehen immer unsinnigere Wertungen, werden „Brandmauern" errichtet, verfrachtet man kritische Sichtweisen in dunkle Schubladen.

Entstanden ist eine Welt der Verbote, der staatlichen Einmischung, der Scheinheiligkeit – versteckt in Konsum, medialer Vernebelung und Förderung der Passivität. Das Fernsehen und die meisten anderen Medien tragen nicht unwesentlich dazu bei, den Menschen im Land eine Welt vorzugaukeln, die es gar nicht gibt. Bürgergeld und andere Wohltaten sind weitere Mittel zur Glättung des Denkens, zur Korruption des Geistes, die man braucht, um von den Folgen der eigenen Taten abzulenken. Weit über die Freiheit der Menschen stellt man ein Wahnbild von Gleichheit und schürt Neid und Hass gegenüber all jenen, die scheinbar oder tatsächlich mehr besitzen. Vermögenssteuer, Erbschaftssteuer oder Reichensteuer sollen nicht nur die Lücken im Haushalt stopfen. Sie sollen ganz sicher auch ablenken vom Unvermögen der gewählten Selbstversorger dieses absurden Systems.

Die Sprache wird mit lächerlichen „Gender"-Sternchen und anderen Absurditäten verballhornt. Aus „Denkern" werden „Denkende" – auch dann, wenn diese mal gar nicht denken, sondern mit anderen Dingen beschäftigt sind. Studenten sind nun Studierende, auch dann, wenn sie gar nicht studieren. Das alles geschieht angeblich im Namen der sexuellen Gleichstellung. Die Frauen werden erst gar nicht gefragt, ob sie damit einverstanden sind, oder nicht. Männer beherrschen mittlerweile den Frauensport – weil sie im Männersport bestenfalls in zweiter Linie kämpfen würden – ganz zu schweigen von der Hoffnung auf olympische Siege. Bücher werden zensiert, umgeschrieben, bald wohl auch verbrannt, wenn sie der offiziellen Doktrin widersprechen. Das rot-grüne Brandmauerdenken hat in fast allen öffentlichen Bereichen Einzug gehalten.

Mit Gedichten lässt sich das nicht heilen – aber trotzdem ist es wichtig, diese Zeit zu dokumentieren, in Worte zu fassen, zu kritisieren und diesen Auswüchsen eigene Gedanken entgegen zu stellen. Ein Gedicht zu schreiben ist immer auch Selbstreflexion. Diese hilft sowohl dem Autor als auch dem Leser, über die Geschehnisse nachzudenken und auch, die Welt zu hinterfragen und besser zu verstehen. Querdenken, hätte man früher gesagt. Mittlerweile ist dieser vollkommen positive Begriff durch gezielte Diffamierung und Propaganda zu einem Unwort geworden. Trotzdem trifft es den Kern dessen, was wir immer mehr und immer offensichtlicher benötigen. Ich selbst bin bekennender Querdenker – und eben solchen Querdenkern und Selbstdenkern habe ich dieses Buch gewidmet.

Man muss nicht mit allen Gedanken übereinstimmen, soll es auch gar nicht. Trotzdem aber bin ich überzeugt, dass es sich lohnt, sich mit den hier verarbeiteten Themen auseinanderzusetzen und vielleicht auch, nach eigenen Auswegen aus dem Dilemma, in dem wir uns befinden, zu suchen. Die Situation ist mehr als nur prekär. Das haben viele Menschen mittlerweile verstanden. Trotzdem ist die Mehrheit in unserem Land nicht bereit, etwas dagegen zu tun. Anscheinend ist dafür die Schmerzgrenze noch nicht erreicht – und auch die Macht der gängigen Standardmedien ist für viele Menschen immer noch bei weitem zu groß, um für sich selbst Konsequenzen zu ziehen. Nun, am Beginn des Jahres 2025, ist in Deutschland die Regierung sang- und klanglos gescheitert und Neuwahlen stehen an. Grund dafür war sichtlich die desaströse Politik der vergangen drei Jahre. Trotzdem stellen sich die Versager wieder zur Wahl und es scheint nichts daran vorbei zu führen, dass sie nach den Wahlen wieder in Amt und Würden sein werden. Wie kann man da einen Ausweg finden?

Mittlerweile kommen nun auch immer mehr Ungereimtheiten aus den Zeiten der Corona-Diktatur ans Licht der Öffentlichkeit. Und dies, obwohl sowohl die herrschenden Politiker als auch die Medien alles tun, um die Aufklärung zu behindern, ja zu verhindern. Wer im Volk, so fragt man sich, hat überhaupt jemals wahrgenommen, dass die sogenannten Corona-Files komplett der Öffentlichkeit zugänglich gemacht worden sind? Wer weiß von all den Widersprüchen, in die sich nicht nur die Gesundheitsminister Spahn und Lauterbach verstrickt haben, sondern ganz besonders auch das Robert-Koch-Institut, das Paul-Ehrlich-Institut oder gar der Ethik-Rat mit der seltsamen Alena Buix, die sich mittlerweile ein neues Betätigungsfeld gesucht hat. Scheinbar „unerklärlich" sind die vielen Fälle von Herzversagen,

„plötzlich und unerwartet" verstorbenen Nachbarn, Freunden, Verwandten oder einfach auch bekannten und unbekannten Menschen. Dank der immer noch äußerst starken Zuwanderung im Land fällt die nach wie vor hohe Übersterblichkeit, die mit dem Beginn der angeblichen „Impfung" eingesetzt hat, nicht allzu sehr auf. Auch sind viele Menschen der Meinung, dass es gut sei, dass „Corona vorbei ist" und dass sie hoffen, dass das nicht wiederkommt. Vermutlich würde die Mehrheit wieder ebenso mitmachen, wie beim letzten Mal, sich wieder einsperren und demütigen lassen und den Herrschern erlauben, Recht und Gesetz außer Kraft zu nehmen.

Hoffnung macht, dass in dem größten Staat der westlichen Welt, den USA, mit Robert Kennedy Jr. einer der wichtigsten Kritiker der CO-VID-Maßnahmen die Leitung des Gesundheitsressorts übernehmen kann. Es ist zu hoffen, dass auf diesem Weg nun sweitere Untaten aus der Zeit der Corona-Diktatur ans Licht der Öffentlichkeit gelangen.

Solange eine wirkliche Aufklärung und offene Debatte über diese Zeit nicht stattgefunden haben, bleibt es besonders wichtig, sie zu thematisieren und sie im Bewusstsein zu halten. Ein Teil dieser Diskussion findet, oft auch versteckt, in den hier vorliegenden Texten statt.

Die Gedichte sind Ausdruck all dieser Kritik. Sie sind aber auch, und hoffentlich lässt sich das erkennen, ein Licht, ein Fanal für die tiefe Liebe zum Sein, für die Menschheit und für alles, was sie geschaffen hat und auch in Zukunft zu schaffen in der Lage ist. Jedes Gedicht entstand im Nachdenken über all dies. In hohem Maße verantwortlich für das Entstehen solch einer Lyrik ist diese ungewöhnliche Zeit, in der wir nun leben. Das Untergehen einer Ära, das ist eines der Themen, aus denen heraus die Gedichte entstanden sind. „Du bist der Chronist einer Epoche" – so hat mein Freund Martin Müller aus Hausach das einmal genannt, was ich hier mache.

Licht und Liebe, das sind die zentralen Gedanken, die in vielen Gedichten Hoffnung signalisieren. Ist es Gott oder ist es, neutral gesprochen, die höhere Macht, die dafür verantwortlich ist, dass es uns

Menschen nach allem, was in den zurückliegenden Jahrtausenden geschehen ist, immer noch gibt? Ohne Glauben, Hoffnung und Liebe kann es, so denke ich, kein Vertrauen und keine Zukunft geben. „Solange Menschen in Bewegung sind, gibt es Hoffnung", hat Andrei Arsenjewitsch Tarkowski einmal gesagt. Für ihn, den Regisseur, sind Filme „Abdruck der menschlichen Seele". Für mich sind es die geschriebenen Gedanken, die Lyrik – aber auch die Kraft der Menschen, sich mit dieser immer selteneren, ja aussterbenden Form der Literatur zu befassen.

Und noch ein Gedanke: In diesem Buch findet man die Zeilen

Festlich erleuchtet das Leben
Sanft flackern die Kerzen
Den Kindern die Freude geben
Liebe in den Herzen.

Die Leiterin der deutschen Redaktion des türkischen Senders TRT, Frau Dr. Ufuk Geçim, hatte beim Lesen der Zeilen die Frage aufgeworfen, ob man solche Worte und Gedanken nicht auch beispielsweise auf das Zuckerfest anwenden könne. Nun ist dies zwar ein christliches Gedicht geworden, ein Weihnachtsgedicht. Trotzdem aber hat sie recht. Die Suche nach Licht, nach Freude und Liebe ist universal. Wo auch immer es Menschen gibt und wie auch immer man Gott in seinem jeweiligen Kulturkreis nennt, ist es von großer Bedeutung, die guten Werte des eigenen Herzens weiterzugeben. Für mich persönlich ist Gott reiner Geist und reine Liebe - und unser Herz, unsere Seele sind ein Spiegel dieser Kraft, ein Spiegel mit dem wir zumindest einen kleinen Bruchteil davon wiedergeben können. Frieden wird es auf der Erde leider niemals geben, solange es Menschen gibt. Immer werden sich Menschen finden, die sich über andere Menschen erheben oder die zum Feldzug gegen andere Völker aufrufen. Aber wir können trotzdem versuchen, die Welt ein klein wenig besser zu machen. Glaube, Hoffnung und Liebe sind im Christentum die drei göttlichen Tugenden - aber auch sie sind universal. Dafür habe ich die

Gedichte geschrieben. Versöhnen und die Menschen zusammenbringen, statt spalten und sie gegeneinander zu hetzen.

Ein ganz besonderer Dank gilt auch diesmal wieder allen Freunden, die mich motiviert, die mein Schreiben begleitet und die Gedichte vorab kennengelernt, diskutiert und korrigiert haben: Martin und Maria Müller, Hans-Joachim Brustmann, ganz besonders meine Frau Linda und all die vielen anderen, die ich nicht alle namentlich erwähnen kann. Hoffentlich wird auch der dritte Band dieser Sammlung lyrischer Arbeiten viele Leser finden und einen positiven Beitrag zur Rückkehr zu einer besseren Welt leisten können.

Herbolzheim, Januar 2025

Helmut Matt

Der Ewigkeit Stern

Verloren die Rettung im Leben.
Nur Erwachen im Sein bringt uns Licht.
Glaube und Hoffnung sind uns gegeben.
Erst der Tod führt uns vor das Gericht.

Unsre Welt hat die Gottheit verraten.
Keiner glaubt mehr ans jüngste Gericht.
Wir hoffen auf Lohn unsrer Taten.
Die Erlösung die sehen wir nicht.

Als der Hahn, so die Schrift, dreimal rief,
Hat die Welt sich versteckt vor dem Sein.
Und während der Widerstand schlief,
Blieb der Wille zum Kampf winzig klein.

Gottes Gegenwart fehlt unsrer Welt.
Statt Sein die Vernichtung des Lebens.
Im Nichts unsres Sterbens zerfällt,
Das Licht des verzweifelten Strebens.

Das Wesen des Lichts heißt Vertrauen,
Purer Glaube versinkt in die Nacht,
Nur die Hoffnung auf Widerspruch schauen,
Schöpft den Funken der heiligen Macht.

Hat der Hahn bereits dreimal gerufen,
Und die Welt sich dem Nichts offenbart,
Unsrer Einfalt geöffnet die Stufen,
Den Sieg der Vernichtung gewahrt.

Wir stehen am Abgrund und hoffen,
Dass zu sich wieder findet die Welt.
Das Erkennen macht uns betroffen,
Die Ewigkeit ist uns verstellt.

Gekreuzigt ist nicht unser Leben,
Erwachen das Wesen im Sein.
Widersprechen und Widerstand geben,
Kann erlösen uns von all der Pein.

Die Zerrüttung der Welt fordert Wahrheit.
Die Erlösung ist schmerzlich und fern.
Im Bewusstsein erwacht unsre Klarheit,
Der erlösenden Ewigkeit Stern.

Die Hoffnung auf Rettung ist klein,
Im Denken erhält sie Gestalt,
Nur der Wille zur Freiheit allein,
Gibt dem Streben der Menschen Gewalt.

S.M.A.R.T.

Wir denken „SMART" heißt "klug",
Mit Smartphone in der Tasche.
Doch damit nicht genug.
Smart ist bald jede Flasche.

Smarthome soll unser Leben
Bereichern, leichter machen,
E-Bike den Fortschritt heben,
Man braucht jetzt solche Sachen.

Strom ist zwar ganz schön rar.
Wir leben in der Blase.
Smart sein ist wunderbar.
Ganz grün ist die Oase.

„Surveillance" steht ganz vorn.
Überwachung macht uns weich.
Von hinten und von vorn
Sind wir bald alle gleich.

„Monitoring" ist klasse.
Man hält uns jetzt ganz fest.
Wir sind nun nur noch Masse.
So gibt man uns den Rest.

„Analysis" weist Wege,
Analysiert Gedanken.
Beweist und gibt Belege,
Beseitigt alle Schranken.

„Reporting" heißt „Berichten",
Man wird ganz transparent.
Wird Widerstand vernichten
Weil man bald alles kennt.

„Technology" heißt „machen".
Macht unser Denken klein.
Es soll uns überwachen,
Und steuern unser Sein.

SMART ist nun unser Denken,
Doch macht uns das nun frei.
SMART HOME den Geist beschränken,
Der Mensch ist einerlei.

Der Geduldsfaden reißt

Das Dunkel im Land
Das viele bestimmt,
Weil es fast unerkannt,
Die Sinne uns nimmt.

Nun stirbt dieses Leben,
Das Fernsehen hat recht.
So wird all unser Streben
Ihrer Lüge gerecht.

Das Verderben steigt auf,
Tötet Willen und Sein,
Bestimmt seinen Lauf.
Kann die Welt sich befrei'n?

„Die Regierung ist schuld!"
So heißt es jetzt oft.
„Uns reißt die Geduld!"
Worauf hat man gehofft?

Hat man sie nicht gewählt?
Oder war das Betrug?
Sie zum Herrschen bestellt?
Und nun hat man genug?

Wenn man jetzt wieder wählt,
Wählt man wieder den Mist,
Denn das Fernseh'n erzählt,
Was die Wirklichkeit ist.

„Die Regierung muss weg!"
Die Kritik ist oft laut.
Doch das hat keinen Zweck,
Wenn man sich nicht getraut.

In Elend und Scherben,
Ganz so ist der Plan,
Soll Deutschland verderben,
Vieles ist schon getan.

Ukraine führt Krieg,
Wir stehen zu Seite,
Wollen Israels Sieg.
Bald kommt sie, die Pleite.

Für das eigene Land
Engagiert man sich nicht.
In dieser Nebelwand
Grinst Ruin ins Gesicht.

Die Welt hingerichtet.
Ist das nicht einerlei?
Erst wenn alles vernichtet,
Ist ein Mensch wirklich frei.

Sie kommt näher, die Not.
Sie nimmt ihren Lauf
Und kennt kein Gebot.
Vielleicht wachen sie auf.

Scholzen

Ich hab' es vergessen,
Ich erinnre mich nicht.
Ist da was gewesen?
Irgendwas von Gewicht?

"Scholzen" ist heute
Der neueste Sport.
Von all seiner Beute
Kein einziges Wort.

Der Chef in dem Laden,
Es heißt Kabinett.
Das Land geht zwar baden,
Doch sein Konto wird fett.

Den Wahlkampf gestartet.
Man ist radikal.
Das was uns erwartet
Ist phänomenal.

Wir weisen sie aus,
Und wir werden ganz strikt.
Das Volk gibt Applaus.
Eignes Denken erstickt.

Ist die Wahl dann vorbei,
Sind die Stimmen gezählt,
Ist der Quatsch einerlei.
Man ist ja gewählt.

So herrscht man nun weiter,
Koaliert, wie man will.
Enttäuschung wird breiter,
Das dumpfe Gefühl.
.

Wieder ist nichts erreicht.
Alles es bleibt, wie es ist.
Jede Hoffnung entweicht.
Du bist wieder Statist.

Heines Nachtgedanken

Denk ich an Deutschland in der Nacht,
Dann bin ich um den Schlaf gebracht.
Ich kann nicht mehr die Augen schließen,
Und meine heißen Tränen fließen.

Man glaubte an die Welt von Morgen.
Nur dieses Ziel machte uns Sorgen.
Vertrauen in die eigne Kraft,
Begreifen, wie man Zukunft schafft.

Vertrauen in die Macht des Guten?
Doch nun ertrinkt man in den Fluten.
Statt Hoffnung herrscht nun Niedergang.
Man zelebriert den Abgesang.

Zerstörung ist in vollem Gange.
Es dauert wirklich nicht mehr lange,
Bis dieses Land am Boden liegt.
Man hat uns ohne Kampf besiegt.

Du bist gewählt, nun darfst du schalten,
Die Welt nach Gusto nun verwalten.
Und sind vier Jahre doch zu knapp,
Dann schaffst du halt die Wahlen ab.

Die Medien fest in der Hand
Zerstörst du nun das ganze Land.
Und weil man der Regierung glaubt,
Wird auch der Untergang erlaubt.

Doch immer mehr wachen jetzt auf.
Sie geben unser Land nicht auf.
Sie glauben an den Sieg des Guten,
Lassen die Hoffnung nicht verbluten.

Nimmt man das Leben in die Hand,
Beginnt damit der Widerstand.
Gemeinsam wird es dann gelingen
Sie zur Kapitulation zu zwingen.

Macht

Im Fernsehen, da gibt es Lügen;
Die Menschheit lässt sich oft betrügen.
Das Hirn vernebelt man recht gern,
Darum schauen die Menschen fern.

Und weil die Wahrheit Schmerzen macht,
Wird unsre Wirklichkeit verlacht.
Selbst Denken wird nun abgeschafft.
So stirbt auch jede Leidenschaft.

Man glaubt nur das, was man uns zeigt,
Sieht nicht, was sich zum Ende neigt.
Die Seele ist schon fast entwichen.
Die Einfalt hat sich eingeschlichen.

Ist er nun Macht nur oder Geld,
Der Treibstoff dieser schönen Welt?
Kann es sein, dass sie sich gleichen?
Geld ist nur der Herrschaft Zeichen!

Ob Bargeld oder Digital,
Ist das nicht letztlich ganz egal?
Kann uns dieser Schwindel blenden,
Wird ihre Märchenwelt bald enden.

Wo Macht entsteht und wie sie lebt,
Und welchen Zielen sie zustrebt,
Wer das versteht, erkennt die Welt,
Und sieht, was sie zusammenhält.

Buchmesse auf Abwegen.

Mit Doppelpunkt und Narrenstern
Ist auch das Ende nicht mehr fern.
„Leipzig liest!", hieß es einmal.
Stille herrschte in dem Saal.

Dass jetzt die Gebühren steigen
Die Messechefs nun „Haltung zeigen",
Zeugt von ihrem grünen Wahn.
Was wird der Sprache angetan?

Die Buchmesse, sollte man denken,
Will nicht unser Denken lenken.
„Woke" und Grün möchte man scheinen,
Erzieh'n die Großen und die Kleinen.

Wer was für die Sprache macht,
Wird von ihnen nur verlacht.
Das Leben, so erklärt man gern
Braucht nun Doppelpunkt und Stern.

Wer die Grammatik nicht versteht,
Der Wirklichkeit im Wege steht,
Bestimmt die Wahrheit dieser Tage,
Zu Wort und Geist nicht in der Lage.

Die Mehrheit will den Unsinn nicht,
Will, dass man unsre Sprache spricht,
Ganz ohne all den Gendermist.
Die Sprache, wie sie wirklich ist.

Es gab einmal ein schönes Land,
Das für aller Recht einstand.
Die Freiheit war einst garantiert,
Doch all das wird nun abserviert.

Herbstgedanken

Alles weicht dem Schatten.
Die Blätter auf Wegen.
Wo wir Hoffnung hatten,
Wird Dunkel sich legen.

Der Himmel voll Lichter,
In Farben die Welt,
Ganz klar die Gesichter,
War das Leben erhellt.

Die Erleuchtung im Sein,
Ist uns nun verborgen.
Viele sind ganz allein,
In Hoffnung auf morgen.

Einstmals Wachstum und Kraft
Ist das Nichts Teil des Plans.
Einstmals Großes geschafft
Sind wir Opfer des Wahns.

Warum wird das getan?
Die Vernichtung das Ziel?
Man folgt einem Plan.
Selber denkt man nicht viel.

Sie gehorchen doch bloß.
Gesteuert das Denken,
Es kommt aus Davos.
Sie lassen sich lenken.

Die Menschen, sie schlafen.
Man belügt sie gezielt.
Sie gleichen den Schafen,
Welch ein trauriges Bild.

Kommt der Winter mit Eis.
Ist das Denken erstarrt.
Stirbt die Hoffnung ganz leis,
Und die Welt ist genarrt.

Alles gratis hier im Land

Deutschland bezahlt sie am besten.
Selbst Abgelehnte kriegen viel Geld.
Wohnungen all unseren Gästen.
Das spricht sich herum in der Welt.

Das ist es, wonach sie streben.
Auch ohne Arbeit ist es dort fein.
Das wird es nie wieder geben,
Man lässt wirklich jedermann rein.

Man schafft nichts. Geld kommt vom Staat.
Wie ein Wunder! Phänomenal!
Den Kreis macht man hier zum Quadrat.
Der Bürger selbst hat keine Wahl.

Unterkünfte ganz ausgebucht.
Der Verwaltung ist es egal.
Wenn man jetzt nach Wohnungen sucht,
Wird das Schlangestehen zur Qual.

Enteignung rückt bald schon heran.
An Wehrlosen sich vergehen,
Das ist wohl der kommende Plan.
Wie weit wird der Staat noch gehen?

Kritik war bisher verboten.
Hinterfragen rechtsradikal.
Nun wird man neu angelogen,
Man plant die kommende Wahl.

„Man konnte das doch nicht wissen!"
Die Bürger wollen es wenden.
Aus ihren Träumen gerissen.
Kann man den Ansturm beenden.

Krokodilstränen im Gesicht.
Man hat Angst vor der AfD.
Was sie denken, sagen sie nicht,
Was sie sagen tut keinem weh.

Die Lügen der Herren sind dreist.
Die Medien schläfern uns ein.
Dort scheint die Sonne zumeist.
Alle dürfen ungeprüft rein.

Aus ganz vielen Teilen der Welt,
Strömen sie in unser Land,
Nehmen auch gern unser Geld,
Doch bald schon ist alles verbrannt.

Verbösen

Man glaubt fest an das Gute,
Und dass die Wahrheit siegt,
Die Lügenwelt verblute,
Das Böse unterliegt.

Man darf schon kritisieren.
Wir sind ganz liberal.
Die Freiheit simulieren,
Doch nicht zu radikal.

Vom Mainstream abzuweichen?
Nein das gehört sich nicht.
Will man noch was erreichen,
Ist Unterwerfung Pflicht.

Den Kritiker „Verbösen",
Man findet immer was.
Dem Gegner Furcht einflößen,
Und Anschwärzen macht Spaß.

Folgst du nicht ihrem Denken,
Dann wirst du ruiniert.
Dann wird man dich versenken,
Du wirst mit Schmutz beschmiert.

Man wird dich ignorieren.
Man macht dich lächerlich.
Man wird dich abservieren.
Spricht Schlechtes über dich.

Das, was die Herrscher sagen
Und sei es noch so dumm,
Darf man nicht hinterfragen,
Denn sonst macht man dich stumm.

Nur die Liebe ist unendlich

Die bösen Geister von Gier und von Macht,
Der Hass in der menschlichen Seele -
Die Wirklichkeit wird von ihnen gemacht.
Sie geben dir ihre Befehle.

Sie glauben ganz fest an Herrschaft und Geld.
Großer Reichtum wird sie erlösen.
Ihr Ziel ist die Unterwerfung der Welt.
Ihr Ich schöpft die Kraft aus dem Bösen.

Nichts und Zerstörung beherrschen ihr Sein.
Man versucht, die Welt zu besiegen.
Sie glauben an Allmacht, ihr Herz ist aus Stein.
Sehen nicht die Begrenztheit von Lügen.

Sie glauben nur an die eigene Kraft.
An Luxus und den Sieg ihrer Gier.
Dass all ihr Wahnsinn die Welt uns erschafft.
All ihrer Bosheit eröffnet die Tür.

Der Leitstern in ihrem traurigen Sein,
Ihr Leben der Habgier zuliebe.
All das ist nur Abglanz vom trostlosen Schein.
Licht und Ewigkeit gibt nur die Liebe.

Autoritäten

Wir suchen Ewigkeit, Wahrheit und Licht.
Reiner Geist stellt sich gegen das Nichts.
Dort ist Hoffnung in unsrem Gesicht.
Die Erkenntnis ist Teil dieses Lichts.

Rund ist die Welt und es hat wenig Sinn,
Mit Dummheit zu philosophieren.
Und so dämmert all das Denken dahin.
Mit Heucheln kann der Mensch nur verlieren.

Wo man weglos irrt im Dunkel der Nacht,
Statt zu wissen den Medien glaubt,
Wo man ganz laut über Querdenker lacht,
Ist schon Hinterfragen nicht mehr erlaubt.

Den Autoritäten soll man misstrauen?
Nein, nein, die lügen doch nicht!
Du sollst nicht in die Glaskugel schauen,
Auch wenn man dir Zukunft verspricht.

Oft ist die Lüge als Wahrheit getarnt.
„Glaubt nie inoffiziellen Quellen",
Die Merkel hat uns davor schon gewarnt,
Folgt stets brav ihren Befehlen.

Das Leben ist kurz und dürr ist der Tod,
Darum hör nicht auf ihre Befehle.
Gehorsam ist's, der die Freiheit bedroht.
Und gib ihnen nicht deine Seele.

Man vertraut den eignen Brüdern nicht mehr.
Nur wer mitschwimmt, der wird zum Experten.
Man glaubt jeden Dreck, sei er noch so leer.
Unser Sein opfern wir ihren Werten.

Doch die Sagen der Welt werden vergeh'n.
Auch die Asche gebiert neues Leben.
Die Welt bleibt auch ohne Lügen besteh'n,
Nur die Liebe kann uns Zukunft geben.

Land aus den Fugen

Wir stehen der Ukraine zur Seite.
Auch Israel braucht unser Geld.
Das eigene Land geht zwar pleite,
Doch sind wir die Retter der Welt.

Den Indern gibt man Milliarden.
Auch China wird reichlich beschenkt.
Und die Leute auf Fiji erwarten,
Dass man ihrer in Deutschland gedenkt.

Frau Bärlauch besucht fremde Länder.
Mit Holzlöffeln geht's um die Welt.
Dafür redet man hier von Transgender,
Diskutiert nur, was ihnen gefällt.

Woher kommst du? War das eine Frage?
Dafür hat man sich niemals geschämt.
Sehr prekär ist nun unsere Lage,
Man schweigt und man blickt ganz verschämt.

Das Land gerät ganz aus den Bahnen.
Doch die „Ampel" allein war es nicht.
Der Abgrund, er lässt sich erahnen,
Auch das Lastenfahrrad hilft uns nicht.

Geschlechter gibt es jetzt ohne Ende.
Auch als Mann wird man heute zur Frau.
Selbst zu denken, das hat mal ein Ende.
Grüne Gurken sind nun alle blau.

Unsre Arbeit ist nicht mehr rentabel,
Dafür gibt es jetzt Bürgergeld.
Das Nichtstun ist ganz veritabel.
Ganz aus Nougat besteht diese Welt.

Du sollst dich nur noch vegan ernähren.
Die Kartoffel wird bald zur Pflicht.
Der „Spiegel" die Welt dir erklären.
Unsre Umwelt braucht deinen Verzicht.

Propaganda bestimmt, was wir denken.
Doch nun zeigt die Welt ihr Gesicht.
Man kann nicht den Wohlstand versenken,
Und glauben, das Volk sieht das nicht.

Der Geier zeigt jetzt seine Krallen.
Was einmal war, verliert nun seinen Wert.
Pure Angst hat die Menschen befallen.
Nein, das hat man doch nirgends gehört.

Alles bleibt, man kann doch nichts machen.
Man schaut fern und man wählt CDU.
Am Ende werden sie lachen,
Denn wieder reingefallen bist du.

Deutschland, wir weben dein Leichentuch

Sich schämen, weil wir Deutsche sind.
Sünde geht vom Vater zum Kind.
Es ist Liebe zum Vaterland,
Man schlägt sie tot in unsrem Land.

Denkt doch an die Vergangenheit,
Sie ragt bis in die neue Zeit.
Die Selbstverleugnung geht so weit,
Dass man "ich hasse Deutschland" schreit.

Nur, wenn man an sich selber glaubt,
Wird man nicht seines Seins beraubt.
Doch sitzt nun gar im Parlament
Das, was man sonst das Böse nennt.

Selbstbewusstsein, Selbstvertrauen,
Die kann man nicht auf Treibsand bauen.
Die Erbsünde, das Weltgericht,
Glaubt ihren bösen Lügen nicht.

Was man einst getan im Land
Wird heute gegen dich verwandt.
Du sollst dich stets für schuldig halten,
Nie etwas Eigenes gestalten.

Nur im Selbsthass liegt die Kraft,
Mit der sich ihre Allmacht schafft.
Deutschland, sie sind dein Leichentuch.
Wenn du stirbst, dann erfüllt sich ihr Fluch.

Und wieder leuchten die Kerzen

Glitter, Flitter, Lichtermeer,
Alle Bäume bunt geschmückt.
Taschen voll Geschenke schwer,
Kinderherzen sind beglückt.

Weihnachtsmarkt in vollem Licht.
Voller Glanz ist diese Zeit.
Ihnen widersteht man nicht,
So macht man die Seele weit.

In Betlehem geboren,
Am Himmel erschien ein Stern.
Der Glaube ist verloren,
Und Weihnachten ganz fern.

Kommerz ist unser Leben,
Wo Duft die Welt berückt.
Die Seele will man heben
Und Würste bringen Glück.

Grenzen bloß nicht schützen,
Kontrollen gibt es nicht.
Migranten unterstützen,
Weihnachten braucht man nicht.

Statt Sternen strahlt Beton.
Poller sollen schützen.
Fern ist Gottes Sohn.
Drum wird auch das nichts nützen.

Traditionen gibt man auf.
Wir feiern das Lichterfest.
Tannenbaumfest obendrauf.
Anpassung gibt uns den Rest.

Gäste will man nicht kränken.
Bald feiern wir Ramadan.
Verzichten nun auf's Schenken.
Das Aus für den Weihnachtsmann.

Das Weihnachtsgeld will jeder,
Auch Muslime sind ganz still.
Da gibt es kein Gezeter.
Man glaubt nur das, was man will.

Ist das die stille Zeit?
Wird man jetzt nicht mehr klagen.
Endet nun auch jeder Streit?
Und menschliches Verzagen?

Die Ampel wird zerstören.
Der Anfang ist gemacht.
Doch will das niemand hören.
Kritik wird laut verlacht.

Einst war die Welt voll Freude.
Voll Liebe und voll Licht.
Das Weihnachtsfest von heute,
Braucht unsren Glauben nicht.

Ampeldämmerung

Nach Afrika gehört die Kunst,
Das hat nun die Frau Rot erkannt.
Sie hat zwar wirklich keinen Dunst,
Doch hat der Kanzler sie ernannt.

Staatssekretärin für Kultur!
Mit Ach und Krach ein Schulabschluss.
Von echtem Denken keine Spur.
Das, was sie tut, bringt viel Verdruss

Frau Bärlauch reist gern um die Welt
Auch sie schenkt gern Holzlöffel her.
Verschleudert dabei unser Geld,
Großzügig sein ist gar nicht schwer.

Farbe und Schminke stets dabei.
Barfuß geknipst am Dünenstrand.
Der Preis dafür ist einerlei.
Ist kostenlos. Zahlt ja das Land.

Wer bunte Kinderbücher schreibt,
Der kann auch schön Minister sein.
Dass er uns in den Abgrund treibt?
Wer sowas sagt, der ist gemein.

Durch Pleiten wird ganz viel verdient.
Wenn ein Minister Freunde hat,
Dann werden die zuerst bedient.
Die Steuerzahler macht er platt.

Da gab es den Rollator-Putsch.
Die Faeser hilft mit fester Hand,
Verhaftet sie auf einen Rutsch,
Und rettet so das ganze Land.

Mit Spritzpistolen schwer bestückt -
Von „Rechts" allein kommt die Gefahr -
Wär' dieser Putsch beinah geglückt.
Gut, dass die Nancy schneller war.

Karl Lauterbach passt da gut rein,
Bewahrte uns vor der Gefahr.
Kaufte bei Pharma günstig ein,
Hat Impfstoff nun für tausend Jahr.

Wenn er nachts zu viel Rotwein tankt,
Online ganz wirre Sachen macht,
Und dann erschöpft in's Bettlein schwankt
Dann wird im ganzen Land gelacht.

Das Bürgergeld ist eingeführt.
Beweisen muss man nun nichts mehr.
Dass man die neue Zeit auch spürt,
Muss gleich auch die Erhöhung her.

Das Arbeiten, es lohnt sich nicht.
Der Niedriglohn wird abgeschafft.
Das Faulenzen wird nun zur Plicht,
Wer Steuern zahlt, der wird bestraft.

Der Lindner tut ganz liberal.
Er zaubert aus dem Nichts viel Geld.
Die Lügenwelt macht er total.
Tut nur, was seine Macht erhält.

Regiert er „lieber schlecht als nicht"?
Er passt ins Gruselkabinett.
Mit ihm ist Hoffnung nicht in Sicht.
Für Macht steigt er in jedes Bett.

Dass man mal ein Gespräch vergisst,
Sich an nichts mehr erinnern kann?
Wer fragt schon nach dem alten Mist?
Der Olaf ist ein Ehrenmann.

Dass er nun gar der Kanzler ist,
Lacht, wie ein Honigkuchenpferd?
Und manche Kleinigkeit vergisst?
Das ist doch nicht der Rede wert.

Aus der Ferne scheint ein Licht

Weihnachtsbaum und Lichterglanz,
Glühwein gegen Frost und Eis.
Kerzen leuchten hell am Kranz.
Von den Bergen glänzt es weiß.

Unsre Herzen werden weit.
Aus der Ferne scheint ein Licht.
Wenn es weiße Flocken schneit,
Kalter Wind in dem Gesicht.

Herbergen gab es keine.
In der Krippe lag das Kind.
Dort war das Paar alleine,
Wo sonst nur die Hirten sind.

Zuversicht und Ewigkeit,
Die Liebe bleibt bestehen.
Bald beginnt die neue Zeit.
Das Nichts wird untergehen.

Ein neues Jahr beginnt

Das kommt im neuen Jahr.
Da machen wir es wahr.
Die Völlerei hört auf.
Diät nimmt ihren Lauf.

Was gut ist, bleibt bestehn.
Der Abbruch kann dann gehn.
So hofft man Jahr für Jahr,
Doch nichts davon wird wahr.

Kalender sind fiktiv,
Das Leben relativ.
Auch Warten hilft uns nicht,
Wenn man die Welt verspricht.

Nur mit der eignen Hand
Bewegt man dieses Land.
Erlösung gibt es nicht.
Drum unterwirf dich nicht.

Warten auf das Gute,
Dass das Sein verblute,
Das hilft uns alles nicht.
Auch nicht das Weltgericht.

Das Jahr kommt nun zum Schluss
Weil es halt einfach muss.
Erfolg im neuen Jahr
Den machen wir selbst wahr.

Das Lügen hat ein Ende.
Nun kommt die große Wende.
Der Glücksstern ist bereit.
Jetzt kommt die neue Zeit.

Freunde

Menschen kommen, Menschen gehen.
Der Menschen Tun bewegt das Sein.
Nichts was ist, kann je bestehen,
Große Sorgen werden klein.

Wir hoffen auf das neue Jahr.
Dass dann alles besser werde.
Geheime Wünsche werden wahr.
Jetzt kommt Friede auf der Erde.

Der Glaube an der Liebe Kraft,
Nur sie allein wird ewig sein,
Wie sie im Herzen Hoffnung schafft.
Nur ihre Macht wird uns befrei'n.

Freundschaft wird erst offenbar,
Wenn dich die Welt alleine lässt.
Sie hält in Not und in Gefahr,
Und ist in allen Zeiten fest.

Kurz ist das Leben auf der Welt.
Drum lass die falschen Freunde geh'n.
Nur was die Kraft in uns erhält,
Das bleibt für alle Zeit besteh'n.

Dem Dasein fehlt die Ewigkeit,
Wenn alles schwindet, alles geht.
Doch unsre Herzen werden weit,
Wenn Freundschaft bis zum Tod besteht.
.

Wir brauchen sie nicht mehr

Die Welt, in der wir leben,
Der Abgrund dieser Zeit,
Was kann uns Hoffnung geben,
Wenn niemand mehr verzeiht.

Längst ist die Zeit verstrichen,
Als schneller als der Wind
Regierende verblichen,
Zurückgetreten sind.

Die Herrscher dieser Tage
Berührt die Wahrheit nicht.
Die wirklich große Frage
Beantworten sie nicht.

Sie herrschen wie sie denken.
Unendlich sind sie nicht.
Die Welt wollen sie lenken
Sie sehen nicht das Licht.

Geht ihre Macht zu Ende.
All ihre Flüche leer.
Bald kommt die große Wende.
Wir brauchen sie nicht mehr.

Freiheit

Die Gedanken sind frei.
Unsre Welt steht sonst still.
Sind auch nicht einerlei,
Wenn der Herrscher es will.

Das Denken sucht das Wort.
Sind wir wirklich frei,
Ist Licht an jedem Ort,
Wo immer er auch sei.

Wer mit der Masse denkt
Braucht diese Freiheit nicht.
Bekommt die Welt geschenkt
Es gibt keinen Verzicht.

Doch weichst du einmal ab,
Denkst Quer, folgst ihnen nicht,
Dann stürzt man dich hinab,
Dich hören will man nicht.

Will mit dir nicht sprechen,
Lebt ganz in seiner Welt?
Selbst Denken ist Verbrechen.
Nur Unterwerfung zählt.

Die Welten sind getrennt,
Gespalten unsre Welt.
Wer sich im Nichts erkennt
Weiß, was in Wahrheit zählt.

Die Wende

Stoppt jetzt diese Ampel,
Macht Schluss mit dem Gehampel.
Das Lügen hat ein Ende.
Wir kriegen jetzt die Wende!

Wir haben sie ertragen,
Doch lauter wird das Klagen.
Zerstören unser Land
Und setzen es in Sand.

Sie wagen, uns zu sagen
Was wir zu denken haben.
Doch Freiheit bricht sich Bahn,
Beendet ihren Wahn.

Mit all dem Mist ist Schluss.
Genug mit dem Verdruss.
Sie stoppen ist jetzt Pflicht.
Versager braucht man nicht.

Selbst denken wird verboten

Harmonisch ist das Leben,
Kritik soll es nicht geben.
Dissidenten würden stören
Drum will man sie nicht hören.

Ganz uniform das Denken.
Man lässt sich einfach lenken.
Ob Krieg ist oder Frieden
Wird in Davos entschieden.

Die Lüge zu verwalten,
Die Herrschaft zu erhalten,
Den Gegner zu vernichten,
Brandmauern zu errichten.

So hält man uns zum Narren
Das Volk soll's nicht erfahren.
Auch die Medien sind dabei
Und verkünden Einheitsbrei.

Nestbeschmutzer will man nicht.
Nur der Gleichschritt hat Gewicht.
Wenn nur Unterwerfung zählt
Ist man Teil von ihrer Welt.

Und wenn sie sich nicht beugen
Wird man es ihnen zeigen.
Bringt das auch keinen Frieden
Muss man sie halt verbieten.

Drum wird man nicht erlauben,
Dass sie die Mehrheit rauben.
Selbst denken wird verboten,
Klaus Schwab will nur Idioten.

Das Blatt wendet sich

Die Zeit, in der wir leben,
Ist nur ein Übergang.
Wir werden es erleben.
Es dauert nicht mehr lang.

Der Unsinn in der Zeitung,
Der Herrscher Ignoranz,
Die Fernsehaufbereitung,
Das ist ihr letzter Tanz.

Die vielen dreisten Lügen,
Sie sichern ihre Macht.
Die Welt will man betrügen
Das Volk es wird verlacht.

Heuschrecken für die Massen.
Doch in Davos gibt's Braten.
Viel Steuergeld verprassen
Und in Champagner baden.

Mit CO2 und Gendern
Hält man die Menschen klein.
Doch bald wird sich das ändern,
Die Welt wird sich befrein.

Die Zeit wird sich nun wenden,
Zerstören ihren Wahn.
Die Niedertracht beenden.
Die neue Zeit fängt an.

Wer braucht die Tatortenden?

Will man ein Volk verändern,
Dann nimmt man ihm das Denken.
Sagt ihm, man müsse gendern,
Beim Sprechen sich verrenken.

Mit Doppelpunkt und Sternen
Wird Sprache jetzt zerstört.
Man soll den Unsinn lernen
Dass man dazu gehört.

Wenn Tote Fahrrad fahren,
Studierende Bier trinken,
Und Sparende nicht sparen,
Muss die Vernunft versinken.

Die Sprache wird vernichtet,
Die Glotze macht uns dumm.
Nur Unsinn wird berichtet
Geradendes wird krumm.

Und hat man nicht verstanden
Wie Sprache funktioniert,
Kein eignes Hirn vorhanden,
Ist das Denken ruiniert.

Die Klarheit ist verdorben,
Doch nicht jeder ist dabei.
Und ist ihr Nichts gestorben
Macht das die Menschheit frei.

Weltherrschaft

Die Herrscher dieser Welt
Sind nach Davos bestellt.
Dort wird man ihnen sagen
Wie sie zu lügen haben.

Fassade sind sie nur,
Von Denken keine Spur.
Politik wird simuliert,
Das Konto fein saniert.

Die ganze Welt macht mit.
Sie folgt auf Schritt und Tritt.
Die Herrschaft und die Macht,
Der Tod wird dort verlacht.

Sie folgen ihrem Plan,
Nichts stört sie in dem Wahn,
Und über hundert Staaten
Sind nach Davos geladen.

Damit sie nicht vergessen,
Dass nach dem feinen Essen
Nur noch Gehorsam zählt,
Bestimmt Schwab diese Welt.

Und ist der Spuk vorbei
Tut man, als sei man frei
Und wird mit neuen Lügen
Das Volk und Land betrügen.

Die Medien bestochen
Betrügt man ungebrochen.
Bei Wahlen täuschen bloß.
Die Macht kommt aus Davos.

Der Davoser

Größenwahn
Treibt ihn an.
Der böse Zwerg
Ist Satans Werk.

Herr der Welt
Endlos Geld.
Will ewig sein
Und ist nur Schein.

Er denkt, er muss nicht sterben
Doch lachen schon die Erben.
Er tut, als sei er Gott,
Und ist nur ein Idiot.

Die Bosheit wird vergehen,
Nur Liebe bleibt bestehen.
Der Richter wartet schon
Das Nichts, es ist sein Lohn.

Macht und Liebe

Man wird es nicht erlauben,
Dass sie die Stimmen rauben.
Die Mauer wird errichtet,
Der Gegner wird vernichtet.

Wer herrscht, der hat das Sagen.
Man wird den Feind verjagen.
Bewahren seine Pfründe,
Denn Widerstand ist Sünde.

Man schießt aus allen Rohren.
Das Denken geht verloren.
Die Medien benutzen,
Den Andren zu beschmutzen.

Ihre Wahrheit wird gemacht,
Und die Kritiker verlacht.
Die Sprache wird vernichtet,
Kultur wird hingerichtet.

Sie verfolgen einen Plan,
Verwirklichen den Wahn.
Und denkt jemand verschieden
Wird man ihn halt verbieten.

Die Macht, nach der sie streben
Endet mit ihrem Leben.
Dann wird der Irrsinn enden,
Die Nacht zum Tag sich wenden.

Wozu dann all das Streben?
Im Tod endet das Leben.
Dann kann sich nichts mehr wenden.
Doch Liebe wird nie enden.

Warten auf den Frühling

Noch leblos sind die Bäume
In Eis erstarrt die Welt.
Erwachen schon die Träume
Ins Dunkel noch gestellt.

Was wird das Jahr uns bringen?
Wir sind voll Zuversicht.
Wird unser Plan gelingen?
Wird all die Nacht nun Licht?

An kalten Wintertagen,
Wenn Schnee bedeckt das Land,
Träum ich von alten Sagen,
Von Dünen und von Sand.

Noch haben Frost und Regen
Das Sein in der Gewalt.
Auf zugefror'nen Wegen
In nebliger Gestalt.

Noch liegt die Welt im Dunkeln
Doch neues Sein erwacht.
Man sieht die Hoffnung funkeln.
Dann siegt der Liebe Macht.

Die Welt findet den Morgen,
Ein neuer Tag beginnt.
So enden viele Sorgen,
Und Zuversicht gewinnt.

Staatsaktion 2024 gegen „Rechts"

„Rechts" gilt es zu vernichten.
Man schießt aus allen Rohren.
Auch Zeitungen berichten
Von Nazis vor den Toren.

Die Werbetrommel rühren.
Kritik wird nun verboten.
Man will die Masse führen,
Macht Menschen zu Idioten.

Gekaufte Intendanten,
Die Stimme ihres Herrn.
Bezahlte Demonstranten,
Benutzt man immer gern.

Nur Märchenwelt statt Klarheit.
Wiederholt man oft genug,
Wird aus dem Unsinn Wahrheit,
Und was gut scheint ist Betrug.

Auch Fernsehbilder lügen
Und erfunden der Bericht.
Das Volk lässt sich betrügen
Erkennt die Nebel nicht.

Man glaubt zu demonstrieren,
Schwimmt schön mit in ihrem Strom.
Doch was sie zelebrieren,
Ist das nicht ein Pogrom?

Geschichte wiederholt sich,
Und folgt man dem Popanz,
Macht man das Nichts unsterblich,
Geht devot zum Totentanz.

Das Volk wird wieder verführt

Fehler sucht man stets bei Andern.
Und wenn das Volk das Falsche wählt,
Die Massen zu den Bösen wandern,
Dann wird dem Feind der Weg verstellt.

Nun bildet sich die Blockpartei.
Wird kein Angriffspunkt gefunden,
Ist das trotzdem einerlei:
Dann wird das Böse frei erfunden.

Demokratie ist in Gefahr,
Wird in der Tagesschau gesagt.
Was man dort zeigt, ist immer wahr.
Das Fernseh'n wird nicht hinterfragt.

Der Dissident wird denunziert
Der Feind, er ist nun klar erkannt.
Wird öffentlich mit Dreck beschmiert
Und aufgehetzt das ganze Land.

„Abschieben" – Wenn der Scholz sagt,
Dann nur, weil es sich so gehört.
Erst wenn es auch der Gegner wagt,
Dann wird die freie Welt zerstört.

Was gut und demokratisch ist
Wird von der Ampel definiert.
Das Fernsehvolk, es glaubt den Mist.
Schon rennt es los und demonstriert.

Und wieder wird das Volk verführt.
Man schürt Hass und Intoleranz.
Wenn es nun gegen „Rechts" marschiert,
Beginnt erneut der Totentanz.

Nie wieder

Nie, nie wieder soll das passieren.
Man macht diese Fehler nicht mehr.
Nie mehr lässt das Volk sich verführen,
Nun haben die Hetzer es schwer.

Man glaubte an Freiheit im Denken.
Dass Wahrheit nun herrscht in der Welt.
Kein Regime soll uns je wieder lenken,
Und Aufmärsche nicht mehr gestellt.

Corona brachte die Wende.
Gehorsam war nun wieder Pflicht.
Freiheit war auf einmal zu Ende.
Nun zeigte der Hass sein Gesicht.

Da hilft ein gemeinsamer Feind.
Das Virus bestimmte das Sein.
Ganz fest war man im Glauben vereint:
Das Regime wird die Menschheit befrei'n.

Nun wird unsre Welt bald verbrennen,
Der Feind heißt nun CO_2.
Die Bedrohung muss man erkennen,
Vegan und Verzicht machen frei.

Jetzt wird auch die Sprache genommen.
Man gendert und ist ganz konform.
Auch so kann man Einheit bekommen:
Wer mitmacht ist Teil dieser Norm.

Unsre Einheitspartei herrscht im Land.
Ganz bös ist die AfD.
Die Macht gibt man nicht aus der Hand.
Wenn die weg sind, tun sie nicht mehr weh.

So will man den Gegner vernichten.
Man redet von rechter Gefahr.
Brandmauern muss man errichten.
Der Gegner hat kein gutes Haar.

„Der Faschismus steht vor den Türen",
Berichtet das Fernsehen jetzt.
Die Menschen wird man verführen,
Gegen Abweichler wird nun gehetzt.

Man fordert die Demonstrationen,
Und ruft auf zum letzten Gefecht.
Für die Antifa soll es sich lohnen.
Sie verdienen dabei nicht schlecht.

Doch auch das Volk folgt ihren Lügen.
Die Regierung steuert es fern.
Sie lassen sich wieder betrügen.
Dem Fernseh'n gehorchen sie gern.

Der Gegner wird dämonisiert,
Man bewirft die Feinde mit Kot.
Wer damit sein Gesicht verliert,
Ist am Ende nur ein Idiot.

Liebe, Krieg und Tod

Das Wesen in Sein,
Zerbricht allen Schein.
In der Welt herrscht das Nichts
Das Ende des Lichts.

Wozu all das Sterben?
Neid kann nur vererben.
Wofür braucht man den Feind,
Wenn die Liebe uns eint?

Wozu ist all der Hass?
Alles Denken wird blass.
Die Zeit ist gekommen,
Hat der Friede begonnen.

Wozu all die Waffen?
Um den Gegner zu strafen?
Hat man gar nichts gelernt?
Weit vom Frieden entfernt?

Wir brauchen nicht Siege.
Nur das Ende der Kriege.
Gebt uns Menschen die Macht
Zu zerstören die Nacht.

Und liefern sie Waffen,
Die tödlichen Affen,
Künden Abgrund und Tod
Statt der Liebe Gebot?

Der Hass, den sie schüren,
An den Abgrund uns führen,
All das Böse der Welt,
All das blutige Geld.

Wir dämonisieren,
Lassen Hoffnung erfrieren.
Nie wird der Krieg enden,
Wenn wir uns nicht wenden.

Ein Ende dem Hassen,
Die Mühle verlassen.
Wenn die Waffen schweigen,
Wird die Taube sich zeigen.

Wir brauchen den Glauben.
Lassen uns nicht berauben.
Wir brauchen das Leben
Werden uns nicht ergeben.

Im Tod und im Sterben
Gibt es nichts als Verderben.
Nur das Gute kann siegen.
Nur die Liebe bringt Frieden.

Am Ende siegt das Licht

Argumente hat man nicht,
Dafür ist nun Gehorsam Pflicht.
Auch den Dümmsten wird bald klar:
Der Abstieg ist ganz offenbar.

Gutmensch sein hat seinen Preis.
Willkommensklatscher werden leis'.
Weltweit wird das Geld verschenkt.
Schön, dass man an die andern denkt.

Illegale Migration.
Zwar sieht man ihre Grenzen schon.
Sie legen unsre Kassen lahm.
Remigration ist nicht human.

So stinkt der ganze grüne Mist,
Der unsren schönen Wohlstand frisst.
Doch ändern will man nichts daran.
Die Not im Volk geht sie nichts an.

Wenn die Argumente fehlen,
Menschen nun die Blauen wählen,
Dann hilft nur noch der Lüge Macht
Mit der man neue Wahrheit schafft.

Das Denken wird manipuliert.
Die Medien sind okkupiert.
Man herrscht und simuliert Protest,
Der Wahrheit gibt man so den Rest.

Proteste sind organisiert.
Auch wenn die Presse Lügen schmiert,
Die Mehrheit macht noch immer mit
Und folgt dem Wahn auf Schritt und Tritt.

Ablenken von der Wirklichkeit.
Vernunft erstirbt in Dunkelheit.
Ganz auf Befehl wird demonstriert,
Bis Denken sich im Nichts verliert.

Am Ende siegt das Böse nicht.
Nach all dem Dunkel kommt das Licht.
Noch kleben Sie an ihrer Macht,
Doch Licht siegt über jede Nacht.

Dass Bosheit unsre Welt zerstört,
Habgier und Geld das Sein gehört.
Die Lügen werden so nicht enden.
Die Welt muss sich zum Guten wenden.

Sie hassen das Land

Das Ende der Zeit.
Die Hoffnung ist weit.
In Vernichtung zum Ende:
Die Welt sucht die Wende.

Sie hassen das Land.
Von Satan gesandt.
Das Nichts allein zählt.
Voll Hass ist die Welt.

Man braucht einen Feind
Der alle vereint.
Rechts sind die Bösen.
Links kann erlösen.

Man lügt wie man kann,
Bestärkt ihren Wahn.
Wenn man anders denkt,
Ist man ferngelenkt.

Und ist er zerstört?
Kein Gegner sich wehrt.
Ganz grün ist das Sein,
Kritik winzig klein.

Sie sind Statisten,
Gelenkt von Faschisten.
Gekauft von Davos
Gehorchen sie bloß.

Sie folgen dem Herrn.
Dämonisch ihr Stern.
Sie führen nur aus,
Gehorchen dem Klaus.

Wir brauchen sie nicht.
Ohne sie wird es licht.
Am Ende der Macht
Wird der Herrscher verlacht.

Wofür all die Zerstörung

Am Ende ihrer Siege
Offenbart sich die Lüge.
Jetzt sprechen die Waffen,
Werden Feinde erschaffen.

Für den Frieden gewählt,
Schenken sie unser Geld,
Für den Krieg und für Tod,
Sie belachen die Not.

Statt Frieden zu stiften,
Das Denken vergiften.
Was im Wahlkampf versprochen,
Wird nun alles gebrochen.

Die Grünen, die Roten,
Bornierte Chaoten.
Nur ihr Wegnicken zählt.
Sind sie dafür gewählt?

Sie zerstören die Welt.
Es ist nicht ihr Geld.
Die Regierung schaut nicht
In der Menschheit Gesicht.

Was sie tun ist egal
Bis kurz vor der Wahl.
Dann kommen die Lügen,
Dass Balken sich biegen.

Statt zu Enden die Not,
Parteienverbot.
Wenn dann einer stört,
Ist das ganz unerhört.

Der Coup ist geplant.
Davos reicht die Hand.
In Dummheit und Nacht
Wird die Wahrheit verlacht.

Auf Fakten verzichten,
Die Feinde vernichten.
Man verordnet Protest,
Hält an den Lügen fest.

Die Menschen marschieren.
Sie manipulieren,
Den fügsamen Brei.
Nur die Masse macht frei.

Und was kostet die Welt?
Man schöpft Macht aus dem Geld.
Man kauft jedes Land,
Hat sie in der Hand.

Mit Herrschaft und Macht,
Werden Völker verlacht.
All das irdische Sein
Gehört ihnen allein.

Doch menschliches Leben,
Alles fassbare Streben,
Es wird enden im Tod.
Wofür dann die Not?

Alle Liebe der Welt

Es herrscht das Versagen.
Man muss es ertragen.
Sie sind halt an der Macht.
Es herrscht Niedertracht.

Sie wurden gewählt.
Das ist es, was zählt.
Drum wird alles zerstört
Was zur Heimat gehört.

Es herrscht Unfähigkeit.
Sie stört nicht das Leid.
Man versagt ohne Not:
Ein geplanter Bankrott.

Sie verachten das Land.
Die Vernichtung geplant.
Das Böse der Welt
Kennt nur Macht und Geld.

Da sind alle dabei
Im Parteieinerlei.
Doch wer anders denkt
Der ist ferngelenkt.

Bist gar Schwurbler, Faschist.
Stellst infrage den Mist.
Tu nicht, was sie sagen.,
Lass dich nicht verzagen.

All das, was sie denken,
Lassen sie Dritte lenken
Man gehorcht mit Bedacht,
Der ewigen Macht.

Ganz transhuman denken,
Unterwerfung uns schenken.
Sie lenken die Welt
Wie es ihnen gefällt.

Doch am Ende der Nacht
Wird der Abgrund verlacht.
Nur die Wirklichkeit zählt:
Alle Liebe der Welt.

Ineptokratie

Es herrschen die Bosheit,
Vernichtung und Tod,
Versagen und Dummheit,
Der Krieg und die Not.

Alle Wahrheit frisiert.
Das Fernseh'n dabei.
Auch die „Künstler" geschmiert.
Ihr Nichts macht sie frei.

Frei Denken verboten,
Der Abschaum regiert.
Es herrschen Idioten,
Man lügt ungeniert.

Die Demonstrationen
Sind organisiert,
Bewegt von Dämonen.
Die Freiheit erfriert.

Den Gegner vernichten,
Von rechts die Gefahr.
Die Medien „berichten".
Die Lüge wird wahr.

Man tut, was sie sagen.
Die Masse ist laut,
Sie stellt keine Fragen,
Ihre Hirne verbaut.

Das Volk lässt sich blenden,
Sieht „rechts" die Gefahr.
Was Medien senden,
Das ist immer wahr.

Das Reden und Denken,
Das gibt nichts mehr her.
Der Mensch lässt sich lenken,
Kritik hat es schwer.

In Asche und Scherben,
Zerfällt unsre Welt.
Das Gute muss sterben,
Wenn Dummheit nur zählt.

Grüne Welt

Das Atom gilt es zu vernichten,
Selbst wenn wir auf alles verzichten.
Aus der Steckdose kommt dann der Strom,
Drum vernichten wir nun das Atom.

Grün-Rot ist die Zukunft der Welt.
Auch wenn dafür alles zerfällt.
Wo nichts ist, kann auch nichts passieren,
Drum kann grüner Geist nicht erfrieren.

Migration ist, wonach sie streben.
Ganz kunterbunt ist grünes Leben.
Dass der Islam zu Deutschland gehört?
Ein Nazi ist, wen so etwas stört.

Sie wohnen in ihren Oasen.
Dort dreschen sie rot-grüne Phrasen.
Das, was da ist, will man zertrümmern
Und sich um die Folgen nicht kümmern.

Wer binär denkt, der ist ein Rechter.
Ganz grün sind die 1000 Geschlechter.
Auch die Sprache wird dann abserviert
Und mit Punkten und Sternen verziert.

Transgender und bunte Perücken
Sollen die Menschheit entzücken.
Bald wird man auch Bücher verbrennen
Und das, was nicht passt, umbenennen.

Die Erde wird sich überhitzen.
Selbst im Winter werden wir schwitzen.
CO_2 die Wurzel des Bösen,
Nur das Fahrrad kann uns erlösen.

Wieder mal rettet Deutschland die Welt.
Wer jetzt spart und wer friert, ist ein Held.
So lebt man im grün-roten Wahn.
Auch die Wurst und das Fleisch sind vegan.

Die Geschichte wird man verdrehen.
Was wirklich war, will man nicht sehen.
Was nicht passt, wird nun passend gemacht
Und die wirkliche Herkunft verlacht.

Wenn man all diesen Unsinn auch glaubt,
Dem Volk die Vergangenheit raubt,
Ihm die Sünde der Welt unterstellt,
Hat man sicher die Grünen gewählt.

Was soll sich ändern?

Wählt man CDU
Kriegt man Grün dazu.
Glaubt ihnen kein Wort.
Sie setzen es fort.

Sollen Neuwahlen
Beenden die Qualen?
Soll Bücken enden,
die Hoffnung senden?

Die Ampel muss weg,
Verursacht den Dreck.
Doch glaubt man den Mist,
Wird bleiben was ist.

Lässt man sie machen,
Wird Satan lachen.
Nichts wird passieren,
Der Abschaum regieren.

Neu wählen hilft nicht.
Dem Volk fehlt das Licht.
Im Dunkel der Nacht
Wird Hoffnung verlacht.

Man steuert sie fern.
Sie folgen dem Herrn.
Rot-grün ist ihr Denken.
Der Schwab will sie lenken.

Die Hoffnung auf Licht
Bringt CDU nicht.
Wer ihnen vertraut
Hat auf Sand gebaut.

Man muss es beenden,
Die Lügenwelt wenden.
Am Ende der Zeit,
Steht die Ewigkeit.

Unterwerfung

Wird man mit sich selbst nicht fertig,
Denkt, man sei ganz minderwertig,
Schlägt sich täglich auf die Brust,
Lebt ein Leben voller Frust.

Holt man den Islam ins Land,
Teddybären in der Hand.
Gleichberechtigung wird Pflicht,
Nur für die Migranten nicht.

Lichter für den Ramadan.
Duckt euch weg für den Islam.
Unterwerfung das Gebot.
Macht euch klein und seid devot.

So will man das Volk vernichten.
Selbstverleugnung soll es richten.
Erst die Sprache, dann die Welt.
Nichts, was die Kultur erhält.

Was nicht bunt ist, soll nun gehen.
Unterdrückung auferstehen.
Frei ist nur, wer ihnen glaubt,
All den grünen Mist erlaubt.

Unterwerft euch ihnen nicht,
Widerstand ist unsre Pflicht.
Dass ihr euch selbst hassen müsst,
Das ist gelb-rot-grüner Mist.

Frühlingszauber

Die Welt ganz bunt, erst gelb und grün,
Wenn Gärten und die Wiesen blüh'n.
Licht und Farben, nachts die Sterne,
Leise Hoffnung in der Ferne.

Wenn uns die Sonne länger lacht,
Nach Schlaf und Traum die Welt erwacht.
Morgendunst. Die Amsel singt.
Die ferne Kirchenglocke klingt.

Wenn Krokusse und Primeln blühn,
Vogelschwärme nordwärts ziehn.
Wenn Frühlingswind vom Süden weht,
Die lange Winternacht vergeht.

Die Liebe sucht nach Ewigkeit,
Die Güte macht die Flügel weit.
Ist es ein Traum, ein schönes Bild?
Ein Hoffnungsstrahl, in Schaum gehüllt.

Weit in der Ferne scheint ein Licht.
Falsche Versprechen helfen nicht.
Im Sterben einer trüben Zeit
Strebt jedes Herz nach Seligkeit.

Wenn draußen die Natur erblüht,
Die Welt mit Farben überzieht,
Der Geist zurückkehrt in die Welt,
Wird alles Glück des Seins erhellt.

Alles wird gut

Der Regierung vertrauen.
Fernsehen schauen.
Wir lassen das Denken
Von Medien lenken.

Wenn der Fernsehstar lacht,
Wird Wahrheit gemacht.
Die Welt simulieren,
Die Menschheit verführen.

Den Geist in der Flasche.
Das Hirn in der Tasche.
Unsre Medien sind bunt,
Und das Eckige rund.

Fest glauben statt wissen.
Den Po auf dem Kissen.
Das Leben vegan.
Man fährt Geisterbahn.

Einst die Friedenspartei.
Das ist nun einerlei.
Auf dem grün-roten Stern
Ist die Wirklichkeit fern.

Wird das Nichtstun zu teuer,
Erhöht man die Steuer.
Das Krumme wird gerad,
Unser Geld kommt vom Staat.

Transgender ist klasse.
Religion heißt jetzt Rasse.
Rot-grün unsre Welt.
Der Hanswurst ist ein Held.

Grüne Grütze

Will man dieses Land zerstören
Macht man einfach weiter so.
Fernseh'n schau'n und Radio hören
Und der Geist sitzt auf dem Klo.

Grüner Unrat in die Felder.
Windräder statt grünem Gras.
Wozu braucht man noch die Wälder?
Wer die Macht hat, der hat Spaß.

Unsre Zukunft, die heißt Krieg.
Feinde schafft man sich nun an.
Man stirbt doch gern für diesen Sieg.
In Davos entsteht der Plan.

"Putin ist ein übler Wicht,
Adolfs Reinkarnation."
Mit den Feinden spricht man nicht,
Sagt auch schon das Pentagon.

Wo viel Geld ist, lebt die Macht.
So kauft man sich die ganze Welt.
Widerspruch wird nur verlacht.
Was noch zählt ist Macht und Geld.

Gas aus Russland braucht man nicht.
Wichtig ist nur, dass wir siegen.
Winterfrieren ist nun Pflicht.
Geist und Licht am Boden liegen.

Wer Grün wählt, der wählt den Frieden.
Nur der Endsieg macht uns stark.
Die Diplomatie verbieten,
Glück und Freiheit sind doch Quark.

Krieg und Frieden

Die Menschheit sucht Frieden,
Statt Krieg und statt Tod.
Das Gute soll siegen,
Nicht Sterben und Not.

Wir sollen verzichten,
Das ist doch nicht viel.
Die Russen vernichten,
Ist einzig ihr Ziel.

Verhandlungen stören,
Drum will man sie nicht.
Man will das nicht hören.
Gewinnen ist Pflicht.

Man will Frieden schaffen,
Das wird uns erzählt.
Doch liefert man Waffen,
Zur Befreiung der Welt.

Wie soll das denn enden?
Der Krieg hört nicht auf.
Wenn wir uns nicht wenden.
Nimmt er seinen Lauf.

Man soll endlich reden.
Man braucht den Verzicht.
Hört auf mit dem Töten.
Nur Liebe schafft Licht.

Also sprach der Demokrator

Wir werden Euch beschützen.
Es wird Euch allen nützen.
Die Freiheit Euch bewahren,
Die Wahrheit offenbaren.

Das Fernsehen zensieren,
Gedruckte Lügen schmieren.
Nur offiziellen Quellen
Sollt Ihr die Fragen stellen.

Nur uns den Glauben schenken.
Wir werden für euch denken.
Was in der Welt passiert,
Wird von uns nur definiert.

Der Mensch braucht viel Vergnügen,
Dann wird er sich uns fügen.
Was falsch ist und was wahr,
Wird nur durch uns Euch klar.

Dem Radio vertrauen,
Viel in die Röhre schauen.
Dort sagt man, was wir wollen,
Was Menschen denken sollen.

All das, was man nicht weiß,
Das macht euch auch nicht heiß.
So lasst euch von uns führen,
Bis hin zum Denunzieren.

Das ist zwar Diktatur,
Von Freiheit keine Spur,
Und heißt Demokratie,
Doch ist das Volk nur Vieh.

Sind wir mal an der Macht,
Dann wird das Recht verlacht.
Kritik und Widersprechen
Das werden wir nun brechen.

Wo nur die Macht noch zählt
In dieser neuen Welt,
Herrscht Ineptokratie,
Der Geist geht in die Knie.

Sozialheuchler

Man spricht von sozialer Gerechtigkeit.
Sie werden nicht rot, wenn sie lügen.
Dass Armut die Menschheit von Gier befreit.
Selbst genießt man in vollen Zügen.

Vegan sollt ihr leben und Wasser sparen.
CO_2 bedroht den Planeten.
Nur so könnt ihr die Erde bewahren.
Zu viel Wohlstand und Geld können töten.

Autos sind böse. Vergiften die Welt.
Nur das Lastenrad kann uns retten.
Das wird uns täglich im Fernsehn erzählt.
Unser Leben legt man in Ketten.

Wenn man Grün wählt, dann wählt man den Frieden.
Dafür braucht es viele Raketen.
Alle Verhandlungen muss man verbieten.
Ihr Wahlspruch heißt „Schießen statt Reden".

Toleranz, Vielfalt und Meinungsfreiheit.
Dafür geht das Volk auf die Straße.
Ihr Lieblingsbegriff ist Weltoffenheit.
Doch all das ist bloß eine Blase.

Man spricht von Freiheit und Demokratie,
Doch in Wahrheit ist es Diktatur.
Kritisches Denken gestatten sie nie,
Denn das passt nicht zu ihrer Natur.

Sie hassen das Volk und hassen das Land.
Drum wollen sie es auch vernichten.
So setzen sie unser Leben in Brand.
Auch auf Hoffnung soll man verzichten.

Das Sein ist Schein und ist nur inszeniert.
Das Volk, es lässt sich betrügen.
Drum wird in den Medien Quatsch präsentiert.
Gut verpackt sind all ihre Lügen.

Mein Radio

Ein Radio in Papas Raum
Das war mein schönster Kindertraum.
Hab um Erlaubnis nicht gefragt
Und ging schon bald auf Wellenjagd.

Auf UKW war nicht viel los.
Stattdessen war AM ganz groß.
Ob Moskau oder DDR,
Das Wellenreiten gab viel her.

Das Radio war bald zu klein,
Ein Weltempfänger, das wär' fein.
Ich schraubte ohne Ruh und Rast,
Bald war die ganze Welt zu Gast.

Im Äther gab's den kalten Krieg,
In Störsendern sah man den Sieg.
Fast jedes Land war da zu hören
Auch Jamming konnte uns kaum stören.

Der Grenzwall fiel, es kam die Wende,
Und mit dem Rundfunk ging's zu Ende.
Zu Ende schien's mit den Gefahren,
Die Gelder wollte man nun sparen.

So machte man die Sender dicht.
Im Internet sah man das Licht.
Und in der Welt gab es kein Halten
Die Sender alle abzuschalten.

Doch wird es Rundfunk immer geben,
Die Menschen halten ihn am Leben.
Man hört ganz kleine Sender heute,
Mit Enthusiasmus und mit Freude.

Noch immer gibt es viel zu hören
Fast keine Jammer, die uns stören.
Nun hört man viele freie Sender,
Denn sie beleben jetzt die Bänder.

Das Internet kann man blockieren,
Was man nicht will, neutralisieren.
Wellen, die sich frei bewegen,
Die kann man nicht in Ketten legen.

So hält man die Zensoren klein.
Schaltet die Sender wieder ein.
Drum wird das Radio weiterleben.
Es wird auch immer Hörer geben.

Friede kommt von Innen

Es gibt keinen Sieg,
Drum beendet den Krieg.
Wo sind die Guten
Wenn Menschen verbluten?

Verhandeln und reden
Beenden das Töten.
Mit stets neuen Waffen
Lässt sich Frieden nicht schaffen.

Mit Feinden zu sprechen,
Paradigmen zerbrechen,
Statt weiter zu sterben,
Für den Endsieg zu werben.

Ein Ende dem Hassen.
Das Laufrad verlassen.
Wir müssen beginnen
Uns neu zu besinnen.

Glaub nicht deinen Herren.
Lass dich nicht belehren.
Gehorch ihnen nicht.
Dein Nein hat Gewicht!

Hör auf mit dem Morden,
Glaub nicht ihren Worten.
Kein Tod für dein Land.
Gib den Feinden die Hand.

Wehrhafte Demokratie

Wehrhafte Demokratie,
Voll Zensur wie noch nie.
Statt Rückgrat zu zeigen
Sollen Kritiker schweigen.

Statt zu Fehlern zu stehen
Will man diese nicht sehen.
Widerspruch wird verboten.
Die Macht den Despoten.

Statt selber zu denken
Wollen Herrscher uns lenken.
Dort am Ende der Welt
Siegen Bosheit und Geld.

„Rechts" ist, was nicht gefällt,
Demonstranten „bestellt".
Bekämpft sie, die Bösen.
Das wird uns erlösen.

Du darfst gern alles sagen,
Man kann alles ertragen,
Wenn es nicht zu gefährlich
Oder gar zu allzu ehrlich.

Die Medien stramm kontrolliert,
Auch die Justiz gut frisiert,
Auch die Wirtschaft dabei.
Im Denkallerlei.

Mit der Freiheit vorbei.
Auch Sprache nicht frei.
Nun grassiert die Zensur,
Es herrscht Demokratur.

Wehrhaft möchte man sein?
Unterwerfung befrein.
Denken ist überwacht
So sinkt nieder die Nacht.

Unser Vaterland

Einigkeit und Recht und Freiheit
Sind des Glückes Unterpfand.
Danach lasst uns alle streben,
Brüderlich mit Herz und Hand.

Alle Liebe unsrer Heimat.
Alles für das gute Land.
Denken an die Kindertage.
Gib der Liebe deine Hand.

Alles Schöne würde fehlen.
All das Gute in dem Sein.
Nur die Ewigkeit der Seelen,
Kann uns aus dem Nichts befrein.

Unsrer Welt die Hände geben.
Keine Scham aus ferner Zeit.
Nur im Jetzt das wir erleben
Werden unsre Herzen weit.

Was einst war, kann man nicht ändern.
Eine Erbschuld gibt es nicht.
Auch in allen andren Ländern
Hat die Wirklichkeit Gewicht.

All die Schönheit, das Erleben,
All die Blumen auf dem Feld.
Hört nicht auf in eurem Streben
Und dem Glauben an die Welt.

Glaubt nicht mehr dem alten Fluch.
Schlagt nicht mehr auf Eure Brust.
Voller Schönheit, voller Sonne,
Voller Liebe voller Lust.

Glaube, Hoffnung, Liebe

Es ist eine Zeit ohne Glauben.
Die Medien sind okkupiert.
Nur was die Regenten erlauben
Wird in ihre Blätter geschmiert.

Verblendung kriecht aus den Ritzen.
Eig'nes Denken nimmt man dir weg.
Sie sagen, sie wollen dich schützen,
Doch bist du nur Mittel zum Zweck.

Ihren Reichtum wollen sie mehren.
Auch ein Impfzwang gehört mit zum Plan.
Sie wollen nicht, dass wir uns wehren.
Nur das Fußvolk ernährt sich vegan.

Auch die Hoffnung will man vernichten.
Die Menschheit wird manipuliert.
Eine Scheinwelt will man errichten,
Damit man die Zwänge nicht spürt.

Viele Krimis und lustige Sachen.
Das Fernseh'n erfüllt seine Pflicht.
So will man das Volk schläfrig machen.
Doch die Pläne erfüllen sich nicht.

Die Mehrheit im Land scheint zu schlafen.
Die Masse lässt sich belügen.
Noch ist's eine Herde von Schafen.
Die sich den Schäfern leicht fügen.

Fassade sind sie, purer Schein.
In Wirklichkeit herrschen sie nicht.
Ganz billig sind sie, winzig klein.
Der Widerstand wird nun zur Pflicht.

Auch die Sprache will man vernichten.
Alte Bücher werden verbrannt.
Glaubt nicht diesen bösen Geschichten,
Sonst gibt's keine Hoffnung im Land.

Sie glauben, uns zu regieren.
Unterwerfung der Welt ist ihr Ziel.
Wir haben doch nichts zu verlieren
Und machen nicht mit in dem Spiel.

Nur die Liebe wird uns befreien.
Diesen Lügnern folgen wir nicht.
Wir selbst können uns Kraft verleihen.
Man muss lernen, wie man widerspricht.

Die Gedanken sind frei

Die Gedanken sind frei,
Wer kann sie erraten.
Sie fliegen vorbei
Wie nächtliche Schatten.

Doch wenn man sie sagt,
Sind sie nicht erlaubt.
Dann wird man gejagt,
Jeder Freiheit beraubt.

Die Wahrheit der Welt
Die sehen wir nicht?
Nur Lügen und Geld.
Nur Dunkel statt Licht.

Was kommt nach dem Sein?
Sind die Weichen gestellt?
Nur die Liebe allein
Bringt uns in die Welt.

Zu kurz das Leben,
Drum folgen wir nicht.
Widerspruch geben,
Das Nein wird zur Pflicht.

Eure Gedanken,
Euer inneres Licht,
Sie brechen Schranken,
Gebt ihnen Gewicht.

Sprecht aus, was ihr denkt,
Lacht in ihr Gesicht.
Ihr seid nicht gelenkt.
Glaubt ihnen nicht.

Erbschuld

Erinnern ist im Land ein Kult,
Ein Volk glaubt an die große Schuld.
Wer stolz ist auf sein Schönes Land
Der wird sofort als „rechts" verbannt.

Dazu passt Subordination.
Vergreift euch nicht in eurem Ton.
Klar ist es die Schuld der Väter.
Damit sind auch wir die Täter.

Angst hat die Menschen in der Hand.
Mit ihr drückt man uns an die Wand.
Aus Furcht vor Schuld erwächst die Macht
Mit der man uns zum Narren macht.

Durch Unterwerfung macht man mit,
Hält mit der ganzen Lüge Schritt.
Die Schuld der Väter erbt man nicht.
Erst Glaube an das Selbst bringt Licht.

Der Schuldkomplex ist Teil der Kraft,
Mit der man den Gehorsam schafft.
Nur in uns selbst entsteht die Welt,
Die unser Sein zusammenhält.

Darum gehorchen wir nicht mehr.
Dann wird es für die Lügner schwer.
Nur für die eigenen Vergehen
Müssen wir geradestehen.

Grüne Prinzipien *)

Auch die Grünen haben Ziele.
Doch ihr Handeln ist gelenkt.
Ihrem Irrweg folgen Viele,
Weil man nicht mehr selber denkt.

Das Atom ist unser Grab.
Aber nur im eignen Land.
Darum schalten sie es ab.
Das ist grüner Sachverstand.

Energie wird importiert,
Der Atomstrom stört dann nicht.
Der Wald mit Windkraft betoniert,
Bis unser Netz zusammenbricht.

Migration ist Nummer zwei.
Multikulti wie noch nie.
Holt die halbe Welt herbei.
Fördert die Polygamie.

Die alte Welt soll sterben.
Bunt wird das neue Leben.
Was deutsch ist, soll verderben,
Der Rest wird sich ergeben.

Wer Grün ist, der will gendern.
Die Sprache wird vernichtet.
Auch Bücher darf man ändern,
Kultur wird hingerichtet.

Geschlecht ist nicht mehr wichtig.
Wer will, wird operiert.
Was falsch war ist jetzt richtig.
Die Wahrheit wird zensiert.

Das ganze Weltgeschehen,
Will man nun neu gewichten.
Aus grüner Brille sehen.
Ganz auf Vernunft verzichten.

In grünen Geisteswelten,
Kennt man Geschichte nicht.
Was galt, soll nicht mehr gelten.
Nur ihr Weltbild hat Gewicht.

Was gut war, wird zerschlagen,
Aus hässlich wird nun schön.
Den Geist will man verjagen,
Im Nichts die Zukunft seh'n.

*) Die vier zentralen Prinzipien der Grünen:

1. totale Ablehnung der Atomkraft im eigenen Land
2. Migration und Multikulti. Inseln unterschiedlichster Ideale und Wertvorstellungen in einem Land
3. Transgender und Vernichtung all dessen, was dem entgegensteht – einschließlich der Sprache
4. Die Vergangenheit aus dem Geist und dem Erfahrungsfundus der Gegenwart bewerten

Neue Normalität – Deutschland im Jahr 2024

In der Regenbogenwelt
Gibt es nun das Bürgergeld.
Arbeiten muss man nicht mehr,
Drum ist das Leben nicht so schwer.

Überall gibt's off'ne Stellen,
Weil uns Arbeitskräfte fehlen.
Doch das darf uns nicht erschüttern,
Will man doch Millionen füttern.

All das bloß nicht kritisieren,
Gegen Rechte demonstrieren.
Bloß nicht auf die Kosten schauen.
Unsrem Staatswesen vertrauen.

Die Freiheit wird vorangebracht,
Wenn man den Gegner nieder macht.
Das fördert die Demokratie,
Denn Widerspruch ist Blasphemie.

Gedanken sind vordefiniert,
Was man nicht will, das wird zensiert.
Geheimtreffen erfindet man,
So kriegt man jeden Gegner dran.

Da hilft auch der Verfassungsschutz,
Bewirft die Abweichler mit Schmutz.
Wenn Lüge so zur Wahrheit wird,
Ist alles Leben korrumpiert.

Die Demos sind vom Staat gelenkt,
Damit man bloß nicht selber denkt.
Auch die Sprache wird vernichtet,
Mit Punkt und Sternen hingerichtet.

„Querdenken" ist ganz verboten.
Schwurbler oder Covidioten
Passen nicht in diese Welt,
In der nur Anpassung zählt.

Demokratie nach außen hin.
Widerspruch hat keinen Sinn.
Niemand soll mehr selber denken.
Man will uns von oben lenken.

So wird das Volk manipuliert,
Und von den Medien angeschmiert.
So glaubt man, was der Kanzler spricht
Und spürt all ihr Versagen nicht.

Ein Fluch liegt über diesem Land.
Das Böse hat uns in der Hand.
Nur Hoffnung auf der Liebe Macht
Erreicht, dass unser Ich erwacht.

Gebet

Herr, es ist Zeit. Ins Dunkel taucht das Licht.
Ein Schleier legt sich über unser Land,
Nimmt uns den Verstand und fordert Verzicht.

Die Güte und die Wahrheit dieser Welt,
Sind beide hier bei uns nicht mehr zu finden.
Aus Sein wird Nichts. Der Wohlstand soll verschwinden.
Statt Liebe sieht man nur noch Macht und Geld.

Das was gut war, soll nicht länger bleiben.
Ganz in die Nacht soll dieses Land versinken.
In grünem Irrsinn sollen wir ertrinken.
Wir müssen diese Dunkelheit vertreiben.
Der Stern der Hoffnung soll uns wieder blinken.

Die CDU wird's richten

Man sagt, die Grünen müssen weg.
Industrie verlässt das Land.
Rasant fährt man uns in den Dreck.
Die Zeichen Satans an der Wand.

Schwarz geht auch mit Grün ins Bett.
Und wählt man nun die CDU,
Findet Friedrich Merz ganz nett,
Nimmt die SPD dazu.

Alles bleibt so, wie es ist.
Nur die Farbe wird sich ändern.
Herrschen wird der gleiche Mist,
Hier und in den andern Ländern.

Nur von rechts kommt die Gefahr.
AfD, das sind die Bösen.
Was im Fernsehn kommt, ist wahr.
Nur der Merz kann uns erlösen.

Unterwerfung ist unser Kult

Alle Menschen dürfen herein.
Kritisieren darf man das nicht.
Schön gehorsam sollen wir sein,
Weil das uns Erlösung verspricht.

Sie töten mit Messer und Dolch,
Sie hassen das freie Wort.
Wer nicht gehorcht, der ist ein Strolch,
Nur die Rechten sprechen von Mord.

Ja, erstochen hat ihn ein „Mann".
Hat die ARD uns erzählt.
Dass er aus Afghanistan kam,
Verschweigt man doch besser der Welt.

Ortskräfte waren das Ziel.
Gut 10.000 sollten es sein.
Nein, nein, es sind sicher nicht viel.
Lasst sie nur alle herein.

Deutschsein, das ist unsre Schuld.
Die Erbschuld bestimmt das Denken.
Unterwerfung ist unser Kult,
So lassen die Menschen sich lenken.

Glaubt all diesen Unsinn nicht mehr.
Nicht jeder Mensch darf hier herein.
Und setzt euch nun endlich zur Wehr.
Nur Widerstand wird uns befrein.

(spontan nach dem Messerangriff vom 31. Mai 2024 durch einen 25-jährigen Afghanen in Mannheim geschrieben)

Freies Radio

Schön ist's an den Wochenenden,
Wenn die freien Radios senden.
Dort gibt es die besten Lieder.
Auch Oldies spielt man immer wieder.

Freiheit gibt's auf kurzen Wellen.
Der Herrscher kann das nicht abstellen.
Zwar sind diese Sender klein,
Doch redet Politik nicht rein.

Sonst sind Medien okkupiert,
Wo man alles kontrolliert.
Hört auf, den Standardmist zu glauben,
Lasst euch nicht Eure Freiheit rauben.

Schaltet die freien Sender ein,
Dann sind auch die Zensoren klein.
Wellen, die sich frei bewegen
Kann man nicht in Ketten legen.

Kriegstüchtig

Der Krieg, er soll nicht enden,
Das Töten setzt man fort.
Wann wird man Tauben senden?
Wann hört er auf, der Mord.

Die Kriegstreiber, sie lachen,
Mit Krimsekt in der Hand.
Wann wird das Volk erwachen?
Wer ist der Herr im Land?

Gespräche für den Frieden.
Die Waffen helfen nicht.
Wie kann das Gute siegen,
Wenn man nicht widerspricht?

Sie liefern neue Waffen,
Der Krieg wird eskaliert.
Man wird sich selber strafen,
Wenn man sein Herz verliert.

Glaubt nicht mehr all den Lügen.
Dann enden Tod und Nacht.
Lasst euch nicht mehr betrügen.
Zeigt ihnen Eure Macht.

Patrioten

Den Menschen geht es gut im Land.
Man lacht, trinkt Bier und Wein.
Man denkt, die Dummheit sei Verstand
Und hält die Sorgen klein.

So macht man weiter wie gewohnt.
Man wählt so, wie bisher.
Glaubt nicht, dass Widerstand sich lohnt
Und denkt nicht gerne quer.

Was wahr ist, sagt die Tagesschau.
Man fürchtet CO_2.
Der Markus ist jetzt eine Frau.
Man isst veganen Brei.

Warum jetzt alles teurer wird?
Da kann man halt nichts machen.
Wenn auf Befehl man mitmarschiert?
Man wird's schon richtig machen.

Der Ball ist rund und rosarot.
Jetzt sind wir Patrioten.
Du schreist hurra, bleibst ein Idiot.
Man braucht solche Idioten.

...und vor allem Vielfalt

Unsre Welt ist kunterbunt.
Jetzt regiert der Regenbogen.
Veganes Hackfleisch ist gesund
Und was grad ist, wird verbogen.

„Deutsche Hymne" singt man nun.
So geht schwarz-rot-goldne Vielfalt.
Man soll immer Gutes tun.
Wer gut gespritzt ist, wird nicht alt.

Alle Panzer sind grünrot.
Unterwerfung braucht die Welt.
Wer früher stirbt ist länger tot.
Nichtstun bringt am meisten Geld.

Reichsbürger sind in dem Land.
Bau'n aus Leberwurst Geschosse.
Wer dumm ist, der hat keinen Rand.
Freiheit stirbt auch ohne Sauce.

Man sagt „Kunst und Wissenschaft",
Doch man meint gekaufte Lügen.
In grüner Grütze liegt die Kraft.
Tote kann man nicht betrügen.

Krieg

Klimawandel heißt der Kult.
Schinken soll man nicht mehr essen.
Die Grünen, die trifft keine Schuld.
Dummheit kann man noch nicht messen.

Unser Land ist kunterbunt.
Gegen alles kann man impfen.
Widerspruch ist ungesund.
Man darf auch ein wenig schimpfen.

Was zu viel ist, ist zu viel.
Zuviel Konkurrenz ist schlecht.
Unterwerfen ist das Ziel.
Wer gut lügt hat immer recht.

Zukunft gibt es nur im Krieg.
Widerspruch wird nicht belohnt.
Auch der Kanzler will den Sieg.
Alle Grünen an die Front.

Frieden bringt uns doch kein Geld.
Nur der Endsieg führt zum Glück.
Sekt und Wein sind kaltgestellt.
Narren kennen kein Zurück.

Regenbogenbunte Welt

Faulpelz hieß das früher mal.
Heute zahlt man Bürgergeld.
Arbeiten ist eine Qual.
CO_2 zerstört die Welt.

Männer heißen heute Frau.
Unser Fernsehen macht frei.
Wer sich unterwirft, ist schlau.
Man isst jetzt veganen Brei.

Alles für ... ich sag es nicht.
Frieden bringt uns nur der Krieg.
Bundeswehr wird wieder Pflicht.
Deutsche Waffen für den Sieg.

Nur mit Doppelpunkt und Stern!
Was nicht passt, verbietet man.
Lügen haben keinen Kern.
Messermord geht uns nichts an.

Auf Kommando Patriot.
Regenbogenbuntes Land.
Das Trikot ist rosarot.
Werden Bücher jetzt verbrannt?

Der schrecklichste der Schrecken

Gefährlich ist's, den Löw zu wecken,
Verheerend ist des Tigers Zahn.
Jedoch der der schrecklichste der Schrecken,
Das ist der rot-grün-gelbe Wahn.

Die Erde verglüht

Die Erderwärmung, das ist klar,
Die hat das CO2 gemacht.
Das Volk, es glaubts, denn es ist wahr.
Sogar im Fernsehn wird's gebracht.

Der Mensch allein ist schuld daran.
Man isst jetzt nur noch grünen Brei.
Die Rettung fängt in Deutschland an.
Dass das nichts bringt, ist einerlei.

Die Wissenschaftler haben Recht.
Auch Künstler kosten nicht viel Geld.
Milch, Fleisch und Leberwurst sind schlecht.
Das Lastenrad rettet die Welt.

Für Grüne gilt das alles nicht.
Da gibt es auch kein Flugverbot.
Vegane Wurst ist Bürgerpflicht.
Von Leugnern ist die Welt bedroht.

Und ist's im Juli kalt und nass,
Die Katzen sich vor Kälte biegen,
Die Nasenspitzen bleiben blass,
Dann kann das nicht am Klima liegen.

Zensur

Demokratie, das ist doch klar,
Die wird in Berlin gemacht.
Was gestern noch nicht verboten war,
Wird jetzt hinter Gitter gebracht.

Dienstfertig ist der Haldenwang,
„Compact" gefährdet den Frieden.
Nein, nein, da fackeln wir nicht lang.
Das Heft, das muss man verbieten.

„Freiheit" wird nun neu definiert.
Kritik bringt man jetzt zum Schweigen.
Was man nicht will, das wird zensiert.
Den Rechten wird man es zeigen.

Früher hat man Bücher verbrannt.
Auch die Medien lassen sich lenken.
Es gibt nur noch eine Wahrheit im Land.
Heute verbrennt man das Denken.

Am Ende der Nacht

Nach jedem Ende eine Wende.
Aus Asche gibt es neues Leben.
Den Widerstand meint man am Ende.
Die Masse wird sich nicht erheben.

Glaube und Liebe braucht man nicht mehr.
Lähmendes Dogma. Dunkel die Welt.
Lüge ist Wahrheit. Denken ist schwer.
Leer ist das Sein. Die Blicke verstellt.

Was nicht passt, das wird nun verboten.
„Wehrhaft" ist unsre Demokratie.
Diese Politiker brauchen Idioten.
Ganz devot und gehorsam wie Vieh.

Noch mehr Blasphemie

Auch mit Olympia wird man erzogen.
Die Spiele sind nur noch Dekoration.
Dort herrschen Grün-Woke-Demagogen.
Man glaubt an die rosa Revolution.

Bunte Monster beim letzten Abendmahl.
Mit Dragqueens wird Freiheit nur simuliert.
Die Kunst ist flach und der Geist ist banal.
Wer sich da nicht fügt, wird munter zensiert.

Denkt man, das alles sei doch nur ein Spaß?
Beim Islam würde man es nicht wagen.
Auf woke Narren ist immer Verlass.
Wer ein Christ ist, muss es ertragen.

Nun schwimmen auch Männer im Frauensport.
Wenn man nicht mitmacht, ist man ein Rechter.
Im Gendern setzt man den Widersinn fort.
Es gibt heute 1000 Geschlechter.

Wenn Satan die Welt im Würgegriff hält,
Das ganze Wesen des Seins dann zerbricht,
Trägt der Mensch, der sich dem entgegenstellt
Freiheit und Güte und Hoffnung und Licht.

Elektromobilität

Hast du Diesel in dem Tank,
Fährt die Kiste - Gott sei Dank.

Ein Wort die Ewigkeit

Ganz leise stirbt der Geist der alten Welt,
Einsam die Gärten, die einst Früchte trugen.
Den Menschen fehlt die Kraft zum Widersprechen.

Man schürt die Furcht und will den Willen brechen.
Mit Ängsten wird uns jetzt der Blick verstellt.

Sie spielen Gott. Ein Wort die Ewigkeit.
Nichts und Dunkel begründen ihren Glauben.

Auch unsre Sprache möchte man uns rauben.
Nur die Liebe ist die Macht, die uns befreit.

Illusionen

Dort fliehen graue Schatten aus dem Licht.
Im Nebel verschwinden die Gedanken.
Wann endlich steht das Böse vor Gericht?

Noch immer strebt die Güte in die Welt.
Mit bunten Farben will man uns blenden.
Die Macht des Denkens gegen uns wenden.
Es gilt, was das Fernsehen uns erzählt.

Solang die Hand uns füttert, hält man still.
Was einst die Arbeit, ist nun Bürgergeld.
Voll Illusionen ist die neue Welt.
Am Ende kennen sie nicht einmal das Ziel.
Der Weg zu unsren Sternen bleibt verstellt.

Herbstmorgen auf dem Land

Lange Schatten in den Wegen,
Reife Ähren, feucht vom Tau.
Morgenlicht – dem Herbst entgegen.
Hinter Dunst ganz zartes Blau.

In Stoppelfeldern sitzen Krähen.
Den Fasan erkennt man kaum.
Fast kann man die Stille sehen.
Äpfel reif und süß am Baum.

Schwalben fliegen nun im Süden.
Trauben für den schweren Wein.
Weiße Anemonenblüten.
Wirklichkeit, nicht müder Schein.

Grenzen der Bergpredigt

„Gebt das Heilige nicht den Hunden."
Gebt das Leben nicht dem Tod.
In der Nacht verlorener Stunden,
Wenn zum Schluss das Sterben droht.

Selig die, die Frieden geben,
Liebe ist der Schatz im Sein.
Viel zu kurz ist unser Leben.
Für die Lüge und den Schein?

Salz der Erde, Licht der Welt.
In der Güte scheint das Licht.
Weil am Schluss nur Wahrheit zählt.
Macht und Ehre braucht man nicht.

Dass ihr eure Feinde liebt!
Gibt auch Mördern freie Hand.
Wer Verbrechern Zuflucht gibt,
Der legt Feuer in sein Land.

Widerstand und Widerspruch.
Führt die Toleranz nicht weit,
Dann wird Passivsein zum Fluch.
Das ist unsre Lebenszeit.

Man soll seine Feinde lieben.
Gilt das auch für deren Tat?
Vieles geht nicht nach Belieben.
Wartet nicht bis Rettung naht.

November

Verschwunden der Sommer, die Stunden voll Licht.
Nebel sinkt tief in die Felder.
Auf Wegen die Blätter. Den Tau im Gesicht.
Die Tage, sie werden nun kälter.

Verlorene Zeit erlöscht reines Hoffen.
Die Orte verlassen und grau.
Noch sind die Wege der Hoffnung uns offen,
Wie Gras im gefrorenen Tau.

Die Krähen scharen sich in Stoppelfeldern.
Jetzt wird die Stille offenbar.
Kein Kuckuck ruft mehr in den Wäldern.
Auch Träume werden nicht mehr wahr.

Die Hoffnung, dass nun alles besser werde,
Der Glaube an der Liebe Macht,
Die Güte und der Friede auf der Erde.
Das Warten, dass die Welt erwacht.

Frieden

Ihr Herren der Welt,
Ein Krieg bringt nur Tod.
Wo Wahrheit nicht zählt.
Wo Elend und Not.

Raketen statt Licht.
Der Geist dieser Zeit.
Gekauftes Gericht.
Ganz tief Dunkelheit.

Wir sollen hassen.
Der Tod kommandiert.
Von Gott verlassen.
Wer ja sagt, verliert.

Ein Kuss für die Welt
Und Liebe statt Tod.
Wenn Güte nur zählt,
Verlässt uns die Not.

Nur Hetze und Hass!
Gehorcht ihnen nicht.
Auf Gräbern nur Gras.
In Hoffnung lebt Licht.

Weihnachten

Frost auf den Dächern, Eis und Schnee.
Jetzt sammeln sich Krähen.
Unten der Nebel, still der See.
Die Nordwinde wehen.

Dämmrung auf Wiesen und Wegen.
Unendlich die Träume.
Seelen dem Frieden entgegen.
Nun duften die Bäume.

Festlich erleuchtet das Leben.
Sanft flackern die Kerzen.
Den Kindern die Freude geben.
Liebe in den Herzen.

Jesus ist heute geboren.
Festlich leuchtet der Baum.
Im Nichts die Güte verloren.
Frieden ein schöner Traum.

Das Karussell der Herrschaft

Geld kauft Regierung.
Regierung kauft Justiz.
Regierung kauft Polizei.
Regierung kauft Militär.
Regierung kauft Promis.
Regierung kauft Medien.
Menschen kaufen Medien.
Medien kaufen Menschen.
Promis kaufen Menschen.
Polizei erzeugt Willkür.
Justiz bestätigt Willkür.
Medien loben Willkür.
Regierung lügt.
Medien verbreiten die Lügen.
Volk leidet – aber glaubt die Lügen.
Volk gehorcht und wählt die Regierung.
Geld kauft Regierung …

„Bereit, weil ihr es seid"

Es ist klar, wir retten die Welt
Mit Bomben, Raketen und Geld.
Durch Krieg will man Frieden schaffen
Mit unseren schönen Waffen.

Nur wenn wir den Feind besiegen,
Lohnen sich all unsre Lügen.
Nur Unsre, das sind die Guten.
Die Feinde sollen verbluten.

Mit Gegnern darf man nicht sprechen.
Kritik ein schlimmes Verbrechen.
Die Friedenspartei will den Krieg.
Nur Bomben und Tod für den Sieg.

Die Gasröhren sind nun zerstört.
Doch niemand ist wirklich empört.
Den Herrschern ist all das egal.
Die Bösen sind rechtradikal.

Gehört dieser Krieg nicht zum Plan?
Was ist unser Teil in dem Wahn?
Sind wir nicht nur Spielball der Macht?
Ganz offen vom Teufel verlacht?

Geplantes Sterben

Ganz geheim war es. Vor langer Zeit.
Versammlung der Herren der Welt.
Man war dort zu allem bereit.
Nie wurde die Wahrheit erzählt.

Die Eugeniker scheuen das Licht.
„Voller Menschen ist diese Welt.
Die Erde zu erhalten ist Pflicht."
So hat man ein Virus gewählt.

Millionen muss man vernichten.
Man mindert die Population.
Die Medien sollten es richten.
Gut getarnt verkauft sich das schon.

Wahre Absichten bleiben versteckt.
Die Herrscher der Welt sind dabei.
Die Angst der Menschen geweckt.
Wer nicht mitmacht wird nie mehr frei.

Einen Aufstand wird es nicht geben.
Ganz wenige Kritiker nur.
Zu mächtig die Angst um das Leben.
Hoch die Gesundheitsdiktatur.

Die WHO sollte es lenken.
Sie nannten es Pandemie.
Man manipulierte das Denken.
Die Wahrheit erfährt das Volk nie.

Kontrolle beherrschte das Sprechen.
Hoch die neue Normalität.
Man machte aus Wahrheit Verbrechen.
Zum Aufwachen war es zu spät.

Ab Acht war der Ausgang verboten.
Ein Virus, aktiv in der Nacht.
Für sie waren wir nur Idioten.
So hat man die Menschen verlacht.

Politik und Justiz instruiert.
Das Schauspiel war lang schon geplant.
Das Vorgehen organisiert.
Die weltweiten Netze gespannt.

Die Freiheit der Menschen beschnitten.
Kritik mit Hass überzogen.
Widerspruch war ganz zu verbieten.
Das Volk um das Leben betrogen.

Das Jahr geht zu Ende

Das Jahr geht zu Ende
Schön wäre die Wende.
Ein Ende der Not!
Alles Morden, der Tod!

Voll Liebe die Herzen.
Es leuchten die Kerzen.
Den Krieg und die Waffen
Hat Gott nicht erschaffen.

Im Leben das Beste
Sind die stillen Feste.
Von Freunden umgeben.
Das wirkliche Leben.

Streiten hat keinen Sinn
Und bringt keinen Gewinn.
Weil Worte oft stören,
Will man sie nicht hören.

Friede auf Erden.
Ganz still kann es werden,
Wenn Menschen beginnen,
Sich selbst zu besinnen.

Kein Fernsehen schauen,
Nicht den Medien vertrauen.
Nur Eigenes denken.
Das Leben selbst lenken.

Voll Hoffnung die Wahrheit.
Voll Erwartung die Zeit.
Wenn Liebe und Glauben
Uns aus Lähmung befreit.

Hoffnung und Liebe

Verschwimmendes Licht,
Kaum wahrnehmbar fern.
Verloren im Nichts,
Ein einsamer Stern.

In Trümmern die Güte.
Der Frieden ein Traum.
Welkende Blüte.
Was sind Zeit und Raum?

Hauptworte gendern.
Geist kontrollieren.
Die Wahrheit verändern.
Selbst sich verlieren.

Friede im Herzen.
Das wirkliche Sein.
Leuchten der Kerzen.
Einander verzeihn.

Das bricht ihre Macht.
Gehorcht ihnen nicht.
Verhöhnt sie und lacht.
Wir brauchen sie nicht.

Wehrhafte Demokratie

Willst du zu den Guten zählen,
Musst du Blockparteien wählen.
Ob Grüne oder CDU,
Auch SPD gehört dazu.

Man hat die BSW erfunden
Und heimlich mit dem Block verbunden.
Auch CSU und FDP -
Man tut einander doch nicht weh.

TV und Presse kontrollieren,
Geheimdienst und Justiz frisieren.
Das Volk mit Smarthome überwachen,
Leicht lenkbar und gefügig machen.

Die Sprache wird manipuliert,
Die Meinungsbildung kontrolliert.
Das Wahrheitsministerium
Kehrt sogar die Geschichte um.

Zusperren heißt Gesundheit schützen.
Die Todesangst zum Herrschen nützen.
Die Impfpflicht sollte es dann richten,
Den letzten Kritiker vernichten.

So unterwirft man sich das Land.
Und gibt es doch noch Widerstand,
Dann wird man ihn mit Macht ersticken,
Den bösen Gegner unterdrücken.

Wahlen kann man annullieren

Mit Hass und mit Milliarden Geld,
Wo Satan in der Hölle lacht,
Beherrschen sie die ganze Welt.
Wer widerspricht, wird stumm gemacht.

Seine Meinung darf man sagen.
Wer anders denkt ist ein Faschist.
Denken ist nur zu ertragen,
Wenn es „demokratisch" ist.

Wahrheit wird neu definiert.
Wer die Macht hat, sagt, was zählt,
Und legt fest, wer dann regiert,
Wenn das Volk die Falschen wählt.

Wahlen wird man annullieren,
Hat der Steinmeier gesagt,
Wenn wir sie nicht akzeptieren,
Man sich zu weit nach vorne wagt.

Grün-Rot immer unterstützen
Findet auch der Soros gut.
Meinungshoheit zu besitzen!
Schweigt, damit das Denken ruht.

Ganz fern im Dunkel schimmert Licht.
Die Lüge ist ein Kind der Nacht.
Glaubt ihrer Propaganda nicht.
Die Wahrheit gibt den Menschen Macht.

Der Stern der Erlösung

Die Vergangenheit verstehen,
Wahrheit im Gestern entdecken.
Die Fehler der Väter sehen,
Die Güte der Herzen wecken.

Die Liebe versinkt in der Nacht.
Im Guten bewegt sich die Zeit.
Aus Lüge besteht ihre Macht,
Ihr Ich ist nur Dunkelheit.

Grenzen für unsre Gedanken.
Die Meinung wird streng kontrolliert.
Den Gegner weist man in Schranken.
Bis man die Beherrschung verliert.

Die Welt bewegt unsre Herzen.
Die Flügel der Hoffnung sind weit.
Im Wachstum quälender Schmerzen
Sind Menschen zum Denken bereit.

In der Ferne flackert ein Licht.
Die Erlösung der Welt scheint fern.
In Bosheit erkennt man ihn nicht:
Der Liebe erlösenden Stern.

Kennst du das Land?

Kennst du das Land, wo die Idioten blühn?
Korrupte Medien die Fäden ziehn?
Die Welt aus Duckmäusern besteht,
Das Sein im Irrsinn untergeht?
Kennst du es wohl?
Dahin, dahin,
Ins Paradies des Nichtstuns lass uns ziehn.

Kennst du das Land? Das Leben ist geschenkt.
Von Grünen und von SPD gelenkt.
Die Paradigmen stehn und schaun dich an.
Was hat man dir, du armes Volk getan?
Kennst du es wohl?
Dahin, dahin,
Will man nur als Sozialbetrüger ziehn.

Kennst du das Ziel? Das Geld schmiedet den Plan.
Hier leben Milliardäre ihren Wahn.
Still und verborgen lebt die böse Brut.
Doch nicht mehr lange schweigt der Menschen Wut.
Kennst du es wohl?
Dahin, dahin,
Wollen nur Strolche und Verbrecher ziehn.

(Frei nach J. W. von Goethe)